김승봉
레전드 형법
동형모의고사

Intro 머리말

시험 날이 가까워지면 두려움이 커지게 됩니다.
공포는 불과 같아서 잘 다루면 내 몸을 따뜻하게 유지해주지만, 불을 통제하지 못하면 나를 전부 태워버릴 수 있습니다.
공포를 즐기시면서 마지막까지 최선을 다한다면 반드시 합격하실 겁니다.

본 교재가 마무리 정리에 도움이 되길 바랍니다.

2025년 02월

김승봉

Constructions & features 구성과 특징

1

기출지문을 베이스로 한 모의고사 5회분 수록

그동안 진도별 기출문제를 풀어보았다면 이제는 기출문제와 유사한 모의고사 문제로 실전에 대비하여야 합니다. 이를 위해 과거 다년간의 형법 기출문제를 철저히 분석하여 유형과 난이도 면에서 실전과 가장 유사한 문제로 구성했습니다.

2

최신 출제경향에 유사한 난도의 문제로 엄선

과거부터 최근 시험까지의 출제경향을 철저하게 분석하여 출제가능성이 높은 중요 내용을 문제화하였습니다. 단답형 문제는 가급적 지양하고 박스형 문제, 사례형 문제 등 다양한 형태의 문제유형으로 구성하였습니다.

3

최신 판례 및 개정법령 완벽 반영

꼭 알아야 하고, 시험에 자주 출제되는 핵심이론뿐만 아니라 최신 판례 및 개정법령을 충실히 반영하여 수록하였습니다.

4

명확하고 상세한 해설

문제와 정답에 대한 설명은 물론이고, 오답인 각 선지에 대해서도 정확하고 명쾌하게 해설하였습니다. 상세한 해설을 통해 문제의 출제 의도와 풀이 방향을 잘 이해하고 실전에 대비할 수 있습니다.

Contents 차례

문제편

제 **01** 회 ｜ 동형모의고사 —— 006

제 **02** 회 ｜ 동형모의고사 —— 014

제 **03** 회 ｜ 동형모의고사 —— 023

제 **04** 회 ｜ 동형모의고사 —— 031

제 **05** 회 ｜ 동형모의고사 —— 039

정답 및 해설편

제 **01** 회 ｜ 동형모의고사 —— 048

제 **02** 회 ｜ 동형모의고사 —— 054

제 **03** 회 ｜ 동형모의고사 —— 061

제 **04** 회 ｜ 동형모의고사 —— 068

제 **05** 회 ｜ 동형모의고사 —— 075

2025 김승봉 레전드 형법
동형모의고사

동형 모의고사

문제편 제1-5회

01

부작위범에 대한 설명으로 옳은 것은? (다툼이 있는 경우 판례에 의함)

① 부진정 부작위범의 성립은 보호법익의 주체에게 법익침해위협에 대처할 보호능력이 있는지 여부가 아니라, 부작위행위자가 그러한 보호적 지위에서 법익침해를 일으키는 사태를 지배하고 있어 작위의무의 이행으로 결과발생을 쉽게 방지할 수 있는지 여부에 따라 판단하여야 한다.
② 부진정 부작위범의 고의는 법익침해의 결과발생을 방지할 법적 작위의무를 가지고 있는 자가 그 의무를 이행함으로써 그 결과발생을 쉽게 방지할 수 있었음을 예견하고도 결과발생을 용인하고 이를 방관한 채 그 의무를 이행하지 아니한다는 인식을 하는 것만으로는 부족하다.
③ 보호자의 간청에 따라 담당 전문의와 주치의가 치료중단 및 퇴원을 허용하는 조치를 취함으로써 환자를 사망에 이르게 한 경우, 그 행위에 대한 비난의 중점은 치료중단이라는 부분에 있으므로 담당 전문의와 주치의에게는 부작위에 의한 살인방조죄가 성립한다.
④ 공무원이 농지불법전용의 위법사실을 발견하고도 직무상 의무에 따른 적절한 조치를 취하지 아니하고, 오히려 신청받은 농지일시전용을 허가하여 주기 위하여 그것이 타당하다는 취지의 현장출장복명서 및 심사의견서를 작성하여 결재권자에게 제출한 경우, 작위범인 허위공문서작성, 동행사죄와 부작위범인 직무유기죄는 실체적 경합범의 관계에 있다.

02

과실범과 결과적 가중범에 관한 설명 중 옳은 것을 모두 고른 것은? (다툼이 있는 경우 판례에 의함)

ㄱ. 형법상 특수공무집행방해치상죄는 중한 결과에 대한 예견가능성이 있었음에도 불구하고 예견하지 못한 경우뿐만 아니라 고의가 있는 경우까지도 포함하는 부진정 결과적 가중범이다.
ㄴ. 과실범에 있어서의 인식 없는 과실은 결과 발생의 가능성에 대한 인식 자체도 없는 경우로 그 결과발생을 인식하지 못하였다는 데에 대한 부주의, 즉 규범적 실재로서의 과실 책임이 있다고 할 것이다.
ㄷ. 건설회사가 건설공사 중 타워크레인의 설치작업을 전문업자에게 도급을 주어 타워크레인 설치작업을 하던 중 발생한 사고에 대하여, 건설회사의 현장대리인 甲에게 타워크레인의 설치작업을 관리하고 통제할 실질적인 지휘·감독 권한이 없었다면 업무상 주의의무를 위반한 과실이 있다고 볼 수 없다.
ㄹ. 甲이 A에 대한 살인의 고의로 A가 자고 있는 집에 불을 놓아 불이 A의 집 안방 천장까지 붙었으나 A가 잠에서 깨어 집 밖으로 빠져나오는 바람에 살인의 목적을 달성하지 못하였다면, 甲은 현주건조물방화치사죄의 미수범으로 처벌된다.
ㅁ. 상해를 교사하였는데 피교사자가 이를 넘어 살인을 실행한 경우 교사자는 상해죄에 대한 교사범이 되는 것이고, 다만 이 경우 교사자에게 피해자의 사망이라는 결과에 대하여 과실 내지 예견가능성이 있는 때에는 상해죄의 교사범과 과실치사죄의 상상적 경합범이 된다.

① ㄱ, ㄴ, ㄷ
② ㄱ, ㄴ, ㅁ
③ ㄴ, ㄷ, ㄹ
④ ㄷ, ㄹ, ㅁ

03

다음 각각의 사례에 대해 甲과 乙이 취하고 있는 학설에 관한 설명으로 옳은 것은?

> 甲: A가 B에게 불만을 품고 B를 살해하려고 몽둥이를 후려쳤으나, 몽둥이가 빗나가서 B가 안고 있던 B의 자녀 C가 맞고 그 자리에서 사망한 경우 A에게는 B에 대한 살인미수와 C에 대한 과실치사죄의 상상적 경합이 성립한다.
> 乙: A가 B를 살해하기 위해 총을 발사하여 사람이 사망하였다면, 객체의 착오든 방법의 착오든 발생한 결과에 대한 살인죄가 성립한다.

① 판례는 甲과 동일한 입장에서 A에게 살인미수와 과실치사죄의 상상적 경합을 인정하고 있다.
② 乙은 구체적 부합설의 입장이며, 인식한 사실과 발생한 사실이 구체적으로 부합하면 발생한 사실에 대한 고의·기수가 인정된다.
③ D인 줄 알고 살해할 생각으로 총을 발사하였는데 다가가서 확인해보니 D가 아니라 사람 모양의 마네킹인 경우, 죄책에 대한 甲과 乙의 결론은 동일하다.
④ D인 줄 알고 살해할 생각으로 총을 발사하였는데 다가가서 확인해보니 D가 아니라 D와 닮은 E가 사망한 경우, 甲의 입장에서는 E에 대한 살인의 고의가 인정될 수 없고, 살인미수와 과실치사죄의 상상적 경합이 성립한다.

04

위법성조각사유에 관한 설명으로 옳은 것은? (다툼이 있는 경우 판례에 의함)

① 甲이 乙로 하여금 형사처벌을 받게 할 목적으로 乙의 동의를 얻어 수사기관에 허위의 사실을 기재한 고소장을 제출한 경우, 피해자의 승낙에 의하여 위법성이 조각된다.
② 甲이 乙의 개가 자신의 반려견을 물어뜯는 공격을 하자 소지하고 있던 엔진톱으로 피해견을 위협하다가 피해견의 등 부분을 내리쳐 절단하여 죽게 한 경우, 긴급피난에 의해 위법성이 조각된다.
③ 신문기자인 甲이 乙에게 2회에 걸쳐 증여세 포탈에 대한 취재를 요구하면서 이에 응하지 않으면 자신이 취재한 내용대로 보도하겠다고 말한 경우, 사회상규에 반하지 않는 행위로 위법성이 조각된다.
④ 인근 상가의 통행로로 이용되고 있는 토지의 사실상 지배권자인 甲이 위 토지에 철주와 철망을 설치하고 포장된 아스팔트를 걷어냄으로써 통행로로 이용하지 못하게 한 경우, 이는 자구행위에 해당하여 위법성이 조각된다.

05

중지미수에 관한 설명으로 옳지 않은 것은? (다툼이 있는 경우 판례에 의함)

① 다른 공범의 범행을 중지하게 하지 아니하여 그 공범이 범행에 나아간 이상 자신의 범의를 철회·포기하여도 중지미수가 인정될 수 없다.
② 공범 중 1인에 의한 중지미수의 법적 효과는 자의로 실행행위를 중지하거나 결과발생을 방지한 자에게만 미치고 다른 공범은 장애미수가 된다.
③ 중지미수에 관한 형법 제26조는 그 적용을 배제하는 명문규정이 없는 이상 상습절도에 관한 구 특정범죄가중처벌 등에 관한 법률 제5조의4 제1항 위반의 죄에도 그대로 적용된다.
④ 미성년자를 약취·유인한 자가 그 피해자를 안전한 장소로 풀어준 경우 스스로 범죄를 중단하였다는 점에서 중지미수와 유사한 평가가 가능하고, 중지미수와 동일한 법적 효과가 부여된다.

06

형법 제19조(독립행위의 경합)와 제263조(동시범)에 관한 설명으로 옳지 않은 것은? (다툼이 있는 경우 판례에 의함)

① 2인 이상이 상호의사의 연락이 없이 동시에 범죄구성요건에 해당하는 행위를 하였을 때에는 원칙적으로 각인에 대하여 그 죄를 논하여야 하나, 상호의사의 연락이 있어 공동정범이 성립한다면, 독립행위경합 등의 문제는 아예 제기될 여지가 없다.
② 독립행위가 경합하더라도 결과 발생의 원인이 분명한 경우, 결과와 인과관계가 인정되는 행위를 한 행위자는 의도한 범죄의 기수범이 되고, 결과와 인과관계가 판명되지 않는 행위를 한 행위자는 그 죄의 미수범 또는 무죄가 된다.
③ 형법 제263조의 동시범은 상해와 폭행죄에 관한 특별규정으로서 동 규정은 그 보호법익을 달리하는 강간치상죄에는 적용할 수 없다.
④ 형법 제263조의 동시범은 '상해의 결과'를 발생하게 한 경우에 적용되기 때문에 시간적 차이가 있는 독립된 상해행위나 폭행행위가 경합하여 사망의 결과가 일어나고 그 사망의 원인된 행위가 판명되지 않은 경우에는 동 규정을 적용할 수 없다.

07

다음 사례 중 甲에게 괄호 범죄의 공동정범이 성립하는 것은 모두 몇 개인가? (다툼이 있는 경우 판례에 의함)

ㄱ. 甲은 피해자들을 한 사람씩 나누어 강간하자는 乙과 丙의 제의에 아무런 대답도 하지 않고 따라다니다가 자신의 강간 상대방으로 남겨진 A에게 일체의 신체적 접촉도 시도하지 않은 채 乙과 丙이 인근 숲속에서 강간을 마칠 때까지 A와 이야기만 나누었다. (특수강간죄)

ㄴ. 甲과 乙, 丙은 A를 납치한 후 팔다리를 묶어 저수지에 던져 살해하기로 공모하였으나, 甲은 A를 납치하기로 한 날 약속된 장소에 나가지 않았다. 乙과 丙은 甲을 기다리다가 시간이 지체되자 계획한 대로 A를 납치하여 팔다리를 묶은 후, 저수지에 던져 살해하였다. (살인죄)

ㄷ. 甲은 乙, 丙과 강도상해를 모의하면서 그 모의를 주도하였고, 범행 대상을 물색하다가 다른 공모자들이 강도의 대상을 지목하고 뒤쫓아 가자 "어?"라고만 하고, 비대한 체격 때문에 따라가지 못한 채 범행 현장에서 200m 정도 떨어진 곳에 앉아 있는 동안 乙과 丙은 강도상해의 범행을 하였다. (강도상해죄)

ㄹ. 트럭 운전사 乙은 甲과 함께 트럭에 짐을 싣고 운전을 하던 중 경찰관 A의 검문을 위한 정차 신호에 따라 정차하던 중에 甲이 검문을 피할 목적으로 "그대로 가자"라고 말하였고, 乙이 그대로 달려 A를 치어 사망에 이르게 하였다. (업무상 과실치사죄)

① 1개
② 2개
③ 3개
④ 4개

08

형법 제16조(법률의 착오)에 관한 설명으로 옳은 것은? (다툼이 있는 경우 판례에 의함)

① 자기의 행위가 법령에 의하여 죄가 되지 아니하는 것으로 오인한 행위는 그 오인에 정당한 이유가 있는 때에 한하여 형을 감경 또는 면제할 수 있다.

② 사인 甲이 현행범을 체포하면서 자신의 집 창고에 24시간 이상 감금하여도 형사소송법상 허용된다고 위법성조각사유의 허용한계를 오인하는 행위는 금지착오의 유형에 해당하지 않는다.

③ 오인에 정당한 이유가 있는지 여부를 판단하는 과정에서 위법성인식에 필요한 노력의 정도는 행위 당시의 구체적 상황에 행위자 대신에 법률가나 관련 분야의 전문가가 아닌 사회 평균인을 두고 이 평균인의 관점에서 판단해야 하며, 행위자가 속한 사회집단에 따라 달리 평가되면 안 된다.

④ 甲이 니코틴 용액 제조의 경우에도 담배제조업 허가를 받아야 하는지를 담배 담당 주무부서에 문의하여 답변을 받아 허가사항임을 충분히 인식하였고, 자신이 제조한 것과 같은 니코틴용액을 제조한 A주식회사의 무허가 담배제조로 인한 담배사업법위반죄에 관하여 검사의 불기소결정이 담배사업법 개정 이전에 있었던 경우, 담배사업법이 금지하는 무허가 담배제조행위의 위법성을 인식하지 못한 데 정당한 사유가 있다고 보기 어렵다.

09

다음 중 가장 옳지 않은 것은? (다툼이 있는 경우 판례에 의함)

① 수 개의 등록상표에 대하여 상표법 제230조의 상표권 침해행위가 계속하여 이루어진 경우에는 등록상표마다 포괄하여 1개의 범죄가 성립하나, 하나의 유사상표 사용행위로 수 개의 등록 상표를 동시에 침해했다면 각각의 상표법 위반죄는 상상적경합의 관계에 있다.

② 공직선거법 제18조 제3항(형법 제38조에도 불구하고 제1항 제3호에 규정된 죄와 다른 죄의 경합범에 대하여는 이를 분리 선고하여야 한다)은 선거범이 아닌 다른 죄가 선거범의 양형에 영향을 미치는 것을 최소화하기 위하여 형법상 경합범 처벌례에 관한 조항의 적용을 배제하고 분리하여 형을 따로 선고하여야 한다는 취지이기에, 선거범과 상상적 경합관계에 있는 모든 죄는 통틀어 선거범으로 취급하여서는 아니 된다.

③ 피해견인 로트와일러가 묶여 있던 자신의 진돗개를 공격하자, 진돗개 주인이 피해견을 쫓아버리기 위하여 엔진톱으로 위협하다가 피해견의 등 쪽을 절단하여 죽게 한 행위는 구 동물보호법 위반죄(잔인한 방법으로 죽이는 행위)와 재물손괴죄가 성립하고, 양자는 상상적 경합의 관계에 있다.

④ 주거침입강간죄는 사람의 주거 등을 침입한 자가 피해자를 강간하는 경우에 성립하는 것으로서 주거침입죄를 범한 후에 사람을 강간하여야 하는 일종의 신분범이고, 선후가 바뀌어 강간죄를 범한 자가 그 피해자의 주거에 침입한 경우에는 강간죄와 주거침입죄의 실체적 경합범이 된다.

10

죄형법정주의에 관한 설명으로 옳지 않은 것은? (다툼이 있는 경우 판례에 의함)

① 관습법은 형법의 해석에 보충적인 수단으로 작용할 수 있으므로 관습법에 의하여 형법규정의 적용을 확대하거나 형을 가중하는 것은 허용될 수 있다.

② 판례에 의하면 처벌대상이 되지 아니하는 것으로 해석되었던 행위를 판례의 변경에 따라 확인된 내용의 형법조항에 근거하여 처벌한다고 하여 형벌불소급의 원칙에 반한다고 할 수 없다.

③ 법률의 시행령이 형사처벌에 관한 사항을 규정하면서 법률의 명시적인 위임 범위를 벗어나 처벌의 대상을 확장하는 것은 죄형법정주의의 원칙에도 어긋나는 것이므로 그러한 시행령은 위임입법의 한계를 벗어난 것으로서 무효이다.

④ 형벌법규의 해석은 엄격하여야 하고, 문언의 가능한 의미를 벗어나 피고인에게 불리한 방향으로 해석하는 것은 죄형법정주의의 내용인 확장해석금지에 따라 허용되지 아니한다.

11

유기와 학대의 죄에 관한 설명으로 옳지 않은 것은? (다툼이 있는 경우 판례에 의함)

① 甲이 동거 또는 내연관계를 맺어온 내연녀 A가 치사량의 필로폰을 복용하여 부조를 요하는 상태에 있었음에도 돌보지 않아 A가 사망한 경우, 단순한 동거 또는 내연관계를 맺은 사정만으로는 사실혼 관계라고 볼 수 없으므로 유기치사죄가 성립하지 않는다.

② 경찰관 甲이 술에 만취된 A가 향토예비군 4명에게 경찰지구대로 운반되어 나무의자 위에 눕혀졌을 때 숨을 가쁘게 쿨쿨 내뿜고 자신의 수족과 의사도 자제할 수 없는 상태인 요부조자라는 점을 충분히 인식하였음을 인정할 수 있었는데도 3시간여 동안이나 아무런 구호조치를 취하지 않은 경우, 유기죄의 고의를 인정할 수 있다.

③ 형법 제273조 제1항에서 말하는 '학대'는 단순히 상대방의 인격에 대한 반인륜적 침해만으로는 부족하고, 이러한 학대행위는 적어도 유기에 준할 정도에 이르러야 한다.

④ 생모 甲이 사망의 위험이 예견되는 딸 A(11세)에 대하여 최선의 치료방법이라는 의사의 권유에도 수혈을 완강히 거부하고 방해하여 A가 사망한 경우, 甲의 행위는 결과적으로 요부조자를 위험한 장소에 두고 떠난 경우나 다름이 없으나, 그 이유가 甲 자신의 종교적 신념이나 후유증 발생 염려로 인한 것이었고 A 또한 수혈을 거부하였다면 이는 정당행위에 해당한다.

12

성범죄에 관한 설명으로 옳은 것은? (다툼이 있는 경우 판례에 의함)

① 준강간죄에서 피해자가 술에 취해 수면상태에 빠지는 등 의식을 상실한 패싱아웃(passing out) 상태뿐만 아니라 범행당시 알코올이 기억형성의 실패만을 야기한 알코올 블랙아웃(black out) 상태인 경우에도 기억장애 외에 인지기능이나 의식 상태의 장애에 이르렀다고 인정된다.

② 강제추행죄의 폭행 또는 협박이 추행보다 시간적으로 앞서 그 수단으로 행해진 이른바 폭행·협박 선행형의 경우에는 상대방의 항거를 곤란하게 하는 정도의 폭행 또는 협박이어야 한다.

③ 강간치사상죄에 있어서 사상의 결과는 간음행위 그 자체로부터 발생한 경우나 강간의 수단으로 사용한 폭행으로부터 발생한 경우는 포함되지만, 강간에 수반하는 행위에서 발생한 경우는 포함되지 않는다.

④ 성폭력범죄의 처벌 등에 관한 특례법위반(주거침입강간)죄는 주거침입죄를 범한 후에 사람을 강간하는 등의 행위를 하여야 하는 일종의 신분범이고, 선후가 바뀌어 강간죄 등을 범한 자가 그 피해자의 주거에 침입한 경우에는 이에 해당하지 않고 강간죄 등과 주거침입죄 등의 실체적 경합범이 된다.

13

모욕죄에 관한 설명으로 옳지 않은 것은? (다툼이 있는 경우 판례에 의함)

① 모욕죄는 공연히 사람을 모욕하는 경우에 성립하는 범죄로서 사람의 가치에 대한 사회적 평가를 의미하는 외부적 명예를 보호법익으로 하고, 여기에서 모욕이란 사실을 적시하지 아니하고 사람의 사회적 평가를 저하시킬 만한 추상적 판단이나 경멸적 감정을 표현하는 것을 의미한다.

② 모욕의 수단과 방법에는 제한이 없으므로 언어적 수단이 아닌 비언어적·시각적 수단만을 사용하여 표현을 하더라도 그것이 사람의 사회적 평가를 저하시킬 만한 추상적 판단이나 경멸적 감정을 전달하는 것이라면 모욕죄가 성립하며, 시각적 수단만을 사용한 모욕이라 하더라도 그 행위로 인하여 피해자가 입는 피해나 범행의 가벌성 정도는 언어적 수단을 사용한 경우와 비교하여 차이가 없다.

③ 전파가능성을 이유로 모욕죄의 공연성이 인정될 수 있는 경우, 행위자가 전파가능성을 용인하였는지 여부는 외부에 나타난 행위의 형태·상황 등 구체적 사정을 기초로 하여 일반인이라면 전파가능성을 어떻게 평가할 것인가를 고려하면서 행위자의 입장에서 심리상태를 추인하여야 하므로 행위자의 고의를 인정함에 있어 신중할 필요가 있고, 특히 발언 후 실제로 전파되었는지 여부가 전파가능성 유무를 판단함에 있어 적극적 사정으로 고려되어야 한다.

④ 어떤 글이 모욕적 표현을 담고 있는 경우에도 그 글이 객관적으로 타당성이 있는 사실을 전제로 하여 그 사실관계나 이를 둘러싼 문제에 관한 자신의 판단과 피해자의 태도 등이 합당한가에 대한 의견을 밝히고, 자신의 판단과 의견이 타당함을 강조하는 과정에서 부분적으로 다소 모욕적인 표현이 사용된 것에 불과하다면 사회상규에 위배되지 않는 행위로서 형법 제20조에 의하여 위법성이 조각될 수 있다.

14

업무방해죄에 관한 설명으로 옳지 않은 것은? (다툼이 있는 경우 판례에 의함)

① 인터넷 자유게시판에 실제의 객관적인 사실을 게시하는 행위는 설령 그로 인하여 타인의 업무가 방해된다고 하더라도 형법 제314조 제1항 소정의 위계에 의한 업무방해죄에 있어서의 '위계'에 해당하지 않는다.

② 업무방해죄의 성립에는 업무방해의 결과가 실제로 발생함을 요하지 않고 업무방해의 결과를 초래할 위험이 발생하면 족하다.

③ 정당의 국회의원 비례대표 후보자 추천을 위한 당내경선과정에서 甲이 선거권자들로부터 인증번호만을 전달받은 뒤 그들의 명의로 甲 자신이 지지하는 특정 후보자에게 전자투표를 한 경우, 이는 당내 경선업무에 참여하거나 관여한 당 관계자들에 대하여 위력으로써 경선업무의 적정성이나 공정성을 방해한 경우에 해당한다.

④ 의료인이나 의료법인이 아닌 자가 의료기관을 개설하여 운영하는 행위는 그 위법의 정도가 중하여 사회생활상 도저히 용인될 수 없는 정도로 반사회성을 띠고 있으므로 업무방해죄의 보호대상이 되는 '업무'에 해당하지 않는다.

15

횡령죄에 관한 설명으로 옳지 않은 것은? (다툼이 있는 경우 판례에 의함)

① 횡령죄에서 보관자가 자기 또는 제3자의 이익을 위한 것이 아니라 그 소유자의 이익을 위하여 이를 처분한 경우에는 특별한 사정이 없는 한 불법영득의사를 인정할 수 없다.

② 주류회사 이사인 甲은 A를 상대로 주류대금 청구소송을 제기한 민사분쟁 중에 A의 착오로 위 주류회사 명의 계좌로 송금된 4,700,000원을 보관하게 되었고, 이후 A로부터 해당 금원이 착오 송금된 것이라는 사정을 문자메시지를 통해 고지받았음에도 불구하고, 甲 본인이 주장하는 채권액인 1,108,310원을 임의로 상계정산하여 반환을 거부하였다면, 설령 나머지 금액을 반환하고 상계권 행사의 의사를 충분히 밝혔다 하더라도 甲에게는 횡령죄가 성립한다.

③ 익명조합의 경우에는 익명조합원이 영업을 위하여 출자한 금전 기타의 재산은 상대편인 영업자의 재산이 되므로, 영업자는 타인의 재물을 보관하는 자의 지위에 있지 않아 영업자가 영업이익금 등을 소비하였더라도 횡령죄가 성립하지 않는다.

④ 은행 계좌명의인이 사기의 공범이라면 자신이 가담한 범행의 결과 피해금을 보관하게 된 것일 뿐이어서 사기 피해자와 사이에 위탁관계가 없고, 그가 송금·이체된 돈을 인출하더라도 이는 자신이 저지른 사기범행의 실행행위에 지나지 아니하여 새로운 법익을 침해한다고 볼 수 없으므로 사기죄 외에 별도로 횡령죄를 구성하지 않는다.

16

배임죄에 관한 설명으로 옳지 않은 것은? (다툼이 있는 경우 판례에 의함)

① 배임죄는 타인의 사무를 처리하는 자가 그 임무에 위배하는 행위로써 재산상의 이익을 취득하거나 제3자로 하여금 이를 취득하게 하여 사무의 주체인 타인에게 손해를 가할 때 성립하는 것이므로 범죄의 주체는 타인의 사무를 처리하는 지위에 있어야 한다.

② '타인의 사무를 처리하는 자'라고 하려면, 타인의 재산관리에 관한 사무의 전부 또는 일부를 타인을 위하여 대행하는 경우와 같이 당사자 관계의 전형적·본질적 내용이 통상의 계약에서의 이익대립관계를 넘어서 그들 사이의 신임관계에 기초하여 타인의 재산을 보호 또는 관리하는 데에 있어야 한다.

③ 이익대립관계에 있는 통상의 계약관계에서 채무자의 성실한 급부이행에 의해 상대방이 계약상 권리의 만족 내지 채권의 실현이라는 이익을 얻게 되는 관계에 있다거나, 계약을 이행함에 있어 상대방을 보호하거나 배려할 부수적인 의무가 있다는 것만으로도 채무자를 타인의 사무를 처리하는 자라고 할 수 있다.

④ 주식회사를 운영하는 피고인이 은행으로부터 대출을 받으면서 대출금을 완납할 때까지 회사 소유의 동산인 골재생산기기(크러셔)를 점유개정 방식으로 은행에 양도담보로 제공하기로 하는 계약을 체결하였음에도 담보목적물인 동산을 제3자에게 매각함으로써 은행에 대출금 상당의 손해를 가한 경우 배임죄가 성립하지 않는다.

17

장물의 죄에 관한 설명으로 옳은 것은? (다툼이 있는 경우 판례에 의함)

① 단순히 보수를 받고 본범을 위하여 장물을 일시 사용하거나 그와 같이 사용할 목적으로 장물을 건네받은 것만으로도 장물취득죄가 성립한다.
② 장물인 정을 모르고 보관하던 중 장물인 정을 알게 되었으면서도 계속 보관함으로써 피해자의 정당한 반환청구권 행사를 어렵게 하고 위법한 재산상태를 유지시키는 때에는 장물보관죄가 성립한다.
③ 장물인 정을 알면서, 장물을 취득·양도·운반·보관하려는 당사자 사이에 서서 서로를 연결하여 장물의 취득·양도·운반·보관행위를 중개하거나 편의를 도모하였더라도 그 알선에 의하여 당사자 사이에 실제로 장물의 취득·양도·운반·보관에 관한 계약이 성립하지 아니하였거나 장물의 점유가 현실적으로 이전되지 아니한 경우라면, 장물알선죄는 성립하지 않는다.
④ 업무상과실·중과실장물죄는 일반의 과실에 대하여 형을 가중하여 처벌하는 가중적 구성요건이다.

18

다음 중 가장 옳지 않은 것은? (다툼이 있는 경우 판례에 의함)

① 방화의 의사로 뿌린 휘발유가 사람이 현존하는 주택 주변과 피해자의 몸에 적지 않게 살포되어 있는 사정을 알면서도 라이터를 켜 불꽃을 일으킴으로써 피해자의 몸에 불이 붙은 경우, 비록 불이 방화 목적물인 주택 자체에 옮겨붙지는 아니하였다 하더라도 현존건조물방화죄의 실행의 착수가 인정된다.
② 甲은 A의 재물을 강취한 후 그를 살해할 목적으로 현주건조물에 방화하여 사망케 한 경우, 甲의 행위는 강도살인죄와 현주건조물방화치사죄에 모두 해당하고 그 두 죄는 상상적 경합범관계에 있다.
③ 모텔에 투숙한 甲은 담배를 피운 후 담뱃불이 완전히 꺼졌는지 여부를 확인하지 않고 잠든 사이 담뱃불이 휴지와 침대시트에 옮겨 붙어 화재가 발생하였고, 그 사실을 알면서 甲이 모텔을 빠져나오면서도 모텔 주인이나 다른 투숙객들에게 이를 알리지 않은 甲의 행위는 부작위에 의한 현주건조물방화치사상죄에 해당한다.
④ 형법상 방화죄의 객체인 '건조물'은 토지에 정착되고 벽 또는 기둥과 지붕 또는 천장으로 구성되어 사람이 내부에 기거하거나 출입할 수 있는 공작물을 말하고, 반드시 사람의 주거용이어야 하는 것은 아니라도 사람이 사실상 기거·취침에 사용할 수 있는 정도는 되어야 한다.

19

문서에 관한 죄에 관한 설명으로 옳지 않은 것은? (다툼이 있는 경우 판례에 의함)

① 타인의 부동산을 자기의 소유라고 허위의 사실을 신고하여 소유권이전등기를 경료한 후 그 부동산이 자기의 소유인 것처럼 가장하여 그 부동산에 관하여 자기 명의로 채권자와의 사이에 근저당권설정등기를 경료한 경우, 공정증서원본부실기재 및 동행사죄가 성립한다.
② 제3자로부터 신분확인을 위하여 신분증명서의 제시를 요구받고 타인의 운전면허증을 제시한 행위는 그 사용목적에 따른 행사로서 공문서부정행사죄에 해당한다.
③ A구청장이 B구청장으로 전보된 후 A구청장의 권한에 속하는 건축허가에 관한 기안용지의 결재란에 서명을 한 것은 허위공문서작성죄를 구성한다.
④ 甲이 중국 국적의 조선족 여성 乙과 참다운 부부관계를 설정할 의사 없이 단지 乙의 국내 취업을 위한 입국을 가능하게 할 목적으로 형식상 혼인신고를 하여 그 사실이 가족관계등록부에 기재된 경우, 이는 공정증서원본의부실기재에 해당한다.

20

뇌물죄에 관한 설명으로 옳지 않은 것은? (다툼이 있는 경우 판례에 의함)

① 제3자뇌물수수죄에서 제3자란 행위자와 공동정범 이외의 사람을 말하므로, 공무원이 부정한 청탁을 받고 제3자에게 뇌물을 제공하게 하고 제3자가 그러한 공무원의 범죄행위를 알면서 방조하였다면 제3자뇌물수수방조죄가 인정될 수 있다.
② 오로지 공무원을 함정에 빠뜨릴 의사로 직무와 관련되었다는 형식을 빌려 그 공무원에게 금품을 공여한 경우에도 공무원이 그 금품을 직무와 관련하여 수수한다는 의사를 가지고 받아들이면 뇌물수수죄가 성립한다.
③ 공무원이 직무와 관련하여 뇌물수수를 약속하고 퇴직 후 이를 수수하였다면, 뇌물약속과 뇌물수수 사이의 시간적 근접 여부와 관계없이 뇌물수수죄가 성립한다.
④ 알선뇌물요구죄에 있어서의 알선행위는 장래의 것이라도 무방하므로 뇌물을 요구할 당시 반드시 상대방에게 알선에 의하여 해결을 도모해야 할 현안이 존재하여야 할 필요는 없다.

제 2 회 동형모의고사

제한시간: /20분
점수: /100점

01

인과관계에 관한 설명으로 옳지 않은 것은? (다툼이 있는 경우 판례에 의함)

① "ㅏ"자형 삼거리에서 제한 속도를 위반하여 과속운전을 한 직진차량 운전자가 대향차선에서 신호를 위반하여 좌회전을 하는 차량과 교차로 통과시 서로 충돌하여 사고가 발생하였다면, 다른 특별한 사정이 없는 한 제한 속도를 위반하여 과속운전한 운전자의 잘못과 교통사고의 발생 사이에 상당인과관계가 있다고 볼 수 없다.

② 한국철도공사의 야간 업무에 사용되는 조명탑을 노동조합원 甲이 위법하게 점거하여 위력에 의한 업무방해죄가 성립하였고, 다른 노동조합원 乙 등이 그 조명탑 아래에서 지지 발언을 하며 음식물을 제공하는 행위를 하였지만, 乙 등의 행위가 표현의 자유·일반적 행동의 자유나 단결권의 보호 영역을 벗어났다고 볼 수 없다면 乙 등의 조력행위와 甲의 업무방해죄의 실현 사이에 인과관계를 인정하기 어려우므로 乙 등에게 업무방해방조죄가 성립하지 않는다.

③ 의료과오사건에서 수술을 마친 후 의사가 복막염에 대한 진단과 처치를 지연하는 등의 과실로 환자가 제때 필요한 조치를 받지 못해 사망하였다고 할지라도 환자가 의사의 입원 지시 및 금식지시를 무시하고 귀가한 사정이 있다면 의사의 과실과 환자 사망사이의 인과관계는 단절된다.

④ 거동범에 해당하는 진정부작위범과는 달리 부진정부작위범은 결과범에 해당하므로, 사회적으로 기대되는 작위의무를 다하였으면 결과가 발생하지 않았을 것이라는 관계가 인정될 때 그 부작위와 결과 사이에 인과관계가 인정된다.

02

과실에 관한 설명으로 옳은 것만을 모두 고르면? (다툼이 있는 경우 판례에 의함)

ㄱ. 산부인과의사 甲이 제왕절개수술 시행 중 태반조기박리를 발견하고도 피해자의 출혈 여부 관찰을 간호사에게 지시하였다가 수술 후 약 45분이 지나서야 대량출혈을 확인하고 전원 조치하였고 전원받는 병원 의료진의 조치가 다소 미흡하여 도착 후 약 1시간 20분이 지나 수혈이 시작된 경우, 피해자의 사망과 甲의 전원 지체의 과실 사이에 인과관계가 인정된다.

ㄴ. 내과의사 乙이 신경과 전문의에 대한 협의진료 결과 피해자의 증세와 관련하여 신경과 영역에서 이상이 없다는 회신을 받았고, 그 회신 내용에 의문을 품을 만한 사정이 있다고 보이지 않자 그 회신을 신뢰하여 진료 행위를 계속하다가 피해자의 증세가 호전되자 퇴원하도록 조치한 경우, 피해자의 지주막하출혈을 발견하지 못한 데 대하여 乙의 업무상과실이 인정된다고 보기 어렵다.

ㄷ. 인턴의사 丙이 응급실로 이송되어 온 익수(溺水)환자를 담당의사의 지시에 따라 구급차에 태워 다른 병원으로 이송하던 중 산소통의 산소잔량을 체크하지 않아 산소 공급이 중단된 결과 환자를 폐부종 등으로 사망에 이르게 한 경우, 丙이 이송 도중 환자에 대한 앰부 배깅(ambu bagging)과 진정제 투여 업무만을 지시받았다 하여도 丙의 과실과 환자의 사망 사이에 인과관계가 인정된다.

ㄹ. 다른 의사와 의료행위를 분담하는 의사 丁은 자신이 환자에 대하여 주된 의사의 지위에 있거나 다른 의사를 사실상 지휘·감독하는 지위에 있다면, 그 의료행위가 다른 의사에게 전적으로 위임된 경우라 하더라도 자신이 주로 담당하는 환자에 대하여 다른 의사가 하는 의료행위의 내용이 적절한 것인지 여부를 확인하고 감독하여야 할 업무상 주의의무가 있다.

① ㄱ, ㄴ
② ㄱ, ㄷ
③ ㄱ, ㄴ, ㄹ
④ ㄴ, ㄷ, ㄹ

03

결과적 가중범에 관한 설명으로 옳지 않은 것은? (다툼이 있는 경우 판례에 의함)

① 부진정결과적 가중범에서 고의로 중한 결과를 발생하게 한 행위가 별도의 구성요건에 해당하고 그 고의범에 대하여 결과적 가중범에 정한 형보다 더 무겁게 처벌하는 규정이 없는 경우에는 그 고의범과 결과적 가중범이 상상적 경합관계에 있다.
② 재물을 강취한 후 피해자를 살해할 목적으로 현주건조물에 방화하여 사망에 이르게 한 경우, 강도살인죄와 현주건조물방화치사죄는 상상적 경합관계에 있다.
③ 결과적 가중범은 그 중한 결과가 고의적인 기본범죄에 전형적으로 내포된 잠재적인 위험의 실현이라는 점에서 일반의 과실범의 결과 야기보다 행위반가치가 크다.
④ 적법하게 직무를 집행하는 공무원에 대하여 위험한 물건을 휴대하여 고의로 상해를 가한 경우에 특수공무집행방해치상죄만 성립할 뿐 이와 별도로 특수상해죄를 구성하지 않는다.

04

착오에 관한 설명으로 옳은 것은? (다툼이 있는 경우 판례에 의함)

① 형법 제16조의 법률의 착오는 행위자가 자기의 행위를 금지하는 법규의 존재 자체를 인식하지 못하는 법률의 부지뿐만 아니라, 일반적으로 범죄가 되는 경우이지만 자기의 특수한 경우에는 법령에 의하여 허용된 행위로서 죄가 되지 아니한다고 그릇 인식한 경우를 포함한다.
② 甲이 A를 살해할 의도를 갖고 A와 비슷한 외모의 B를 A로 오인하여 B에게 총을 발사한 결과 B가 사망에 이른 경우, 구체적 부합설에 따르면 甲에게는 A에 대한 살인미수죄와 B에 대한 과실치사죄의 상상적 경합이 성립한다.
③ 법률 위반 행위 중간에 일시적으로 판례에 따라 그 행위가 처벌대상이 되지 않는 것으로 해석되었던 적이 있었던 경우에는 행위자가 자신의 행위가 처벌되지 않는 것으로 믿은 데에 형법 제16조의 '오인에 정당한 이유'가 있다.
④ 관리자에 의해 출입이 통제되는 건조물에 관리자의 현실적인 승낙을 받아 통상적인 출입방법으로 들어간 경우, 승낙의 동기에 착오가 있어 관리자가 행위자의 실제 출입 목적을 알았더라면 출입을 승낙하지 않았을 사정이 있더라도 행위자에게 건조물침입죄가 성립하지 않는다.

05

교사범과 종범에 관한 설명으로 옳지 않은 것은? (다툼이 있는 경우 판례에 의함)

① 교사자의 고의는 기수의 고의여야 하며, 피교사자의 행위가 미수에 그칠 것을 예견하고 교사한 경우에는 교사범이 성립하지 않는다.
② 피교사자에게 폭행을 교사하였는데 피해자가 그 폭행으로 인하여 사망한 경우에 교사자에게 사망이라는 결과에 대하여 과실 내지 예견가능성이 있다 하더라도 책임주의 원칙상 초과부분에 대해서는 책임을 지지 않는다.
③ 은행 지점장이 정범인 부하직원들의 배임행위를 인식하였으나 그대로 방치한 경우 부작위에 의한 방조가 성립할 수 있다.
④ 종범이 성립하기 위해서는 정범의 행위가 기수에 이르렀거나 적어도 처벌되는 미수단계에 이르러야 하며, 효과 없는 방조와 실패한 방조는 교사범의 경우와 달리 처벌 규정이 없어 불가벌이다.

06

공범과 신분에 관한 설명으로 옳은 것을 모두 고른 것은? (다툼이 있는 경우 판례에 의함)

> ㄱ. 변호사가 변호사 아닌 자에게 고용되어 법률사무소의 개설·운영에 관여하여 변호사법위반죄가 문제된 경우, 변호사의 행위가 형법 총칙상의 공모, 교사 또는 방조에 해당된다고 하더라도 변호사를 변호사 아닌 자의 공범으로 처벌할 수 없다.
> ㄴ. 형법 제152조 제1항과 제2항은 위증을 한 범인이 형사사건의 피고인 등을 '모해할 목적'을 가지고 있었는가 아니면 그러한 목적이 없었는가 하는 범인의 특수한 상태의 차이에 따라 범인에게 과할 형의 경중을 구별하고 있으므로, 이는 바로 형법 제33조 단서의 "신분 때문에 형의 경중이 달라지는 경우"에 해당한다.
> ㄷ. 업무상의 임무라는 신분관계가 없는 자가 신분관계 있는 자와 공모하여 업무상배임죄를 범한 경우, 신분관계가 없는 공범에 대하여는 형법 제33조 본문에 따라 업무상배임죄의 공동정범이 성립하고 업무상배임죄에서 정한 형으로 처단한다.
> ㄹ. 치과의사가 환자의 대량유치를 위해 치과기공사들에게 내원환자들에게 진료행위를 하도록 지시하여 그들이 각 단독으로 진료행위를 한 경우 치과의사는 무면허의료행위의 교사범이 성립한다.

① ㄱ, ㄷ
② ㄴ, ㄹ
③ ㄱ, ㄴ, ㄹ
④ ㄴ, ㄷ, ㄹ

07

다음 사례에서 甲, 乙, 丙의 죄책에 대한 설명으로 옳은 것은? (다툼이 있는 경우 판례에 의함)

> ㄱ. 甲은 이혼소송 중인 남편이 찾아와 가위로 폭행하고 변태적인 성행위를 강요하는데 격분하여 칼로 남편의 복부를 찔러 사망에 이르게 하였다.
> ㄴ. 乙은 A에게 복수하기 위해 A의 방 유리창에 돌을 던져 유리창이 깨졌는데 마침 A가 방에서 연탄가스에 중독되어 사경을 헤매고 있었고, 깨진 유리창으로 산소가 유입되어 A는 생명을 구할 수 있었다.
> ㄷ. 丙과 B는 서로 밧줄로 연결된 채 암벽 등반을 하던 중 추락하였으나 丙이 암벽에 설치된 고정핀을 손으로 붙잡아 계곡으로 떨어지지는 않았다. 그러나 점점 힘이 빠지고 있어 둘 다 추락사할 수 있는 상황이었다. 丙은 B와 연결된 밧줄을 끊어버리면 B는 추락사할 수 있으나, 자신은 암벽을 올라가서 살 수 있으리라 생각하고 B와 연결된 밧줄을 끊어버렸다.

① 甲의 행위는 정당방위에는 해당하지 않으나 과잉방위에 해당한다.
② 乙의 손괴행위는 행위반가치가 존재하지 않지만 결과반가치는 여전히 존재하는 경우로서 위법성이 조각되지 않는다.
③ B가 추락하여 사망하였다 하더라도 丙의 행위는 현재의 위난을 피하기 위한 행위로서 긴급피난이 성립한다.
④ B는 밧줄을 끊으려는 丙의 행위에 대해 정당방위가 가능하다.

08

죄수에 관한 설명 중 옳은 것(○)과 옳지 않은 것(×)을 올바르게 조합한 것은? (다툼이 있는 경우 판례에 의함)

> ㄱ. 수인의 피해자에 대하여 1개의 기망행위를 통해 각각 재물을 편취한 경우에는 범의가 단일하고 범행방법이 동일하더라도 피해자별로 독립한 사기죄가 성립하고 각 사기죄는 상상적 경합관계에 있다.
> ㄴ. 절도범인으로부터 장물보관 의뢰를 받은 자가 그 정을 알면서 이를 인도받아 보관하고 있다가 임의처분한 경우, 이러한 횡령행위는 장물죄의 불가벌적 사후행위에 불과하여 별도의 횡령죄가 성립하지 않는다.
> ㄷ. 회사 명의의 합의서를 임의로 작성·교부한 행위에 의해 회사에 재산상 손해를 가하였다면, 사문서위조죄 및 그 행사죄와 업무상 배임죄는 실체적 경합관계에 있다.
> ㄹ. 2인 이상의 작성명의인이 연명으로 서명·날인한 문서를 하나의 행위로 위조한 때에는 작성명의인의 수에 해당하는 문서위조죄의 상상적 경합범에 해당한다.
> ㅁ. 유죄의 확정판결을 받은 사람이 그 후 별개의 후행범죄를 저질렀는데 유죄의 확정판결에 대하여 재심이 개시된 경우, 후행범죄와 재심판결이 확정된 선행범죄 사이에는 형법 제37조 후단에서 정한 경합범이 성립한다.

① ㄱ(○), ㄴ(×), ㄷ(×), ㄹ(○), ㅁ(○)
② ㄱ(○), ㄴ(○), ㄷ(○), ㄹ(×), ㅁ(×)
③ ㄱ(○), ㄴ(○), ㄷ(×), ㄹ(○), ㅁ(×)
④ ㄱ(×), ㄴ(○), ㄷ(○), ㄹ(○), ㅁ(○)

09

형벌불소급의 원칙에 관한 설명으로 옳지 않은 것은? (다툼이 있는 경우 판례에 의함)

① 형사처벌의 근거가 되는 것은 법률이지 판례가 아니므로, 행위당시 판례에 의하면 처벌대상이 되지 아니하는 것으로 해석되었던 행위를 판례의 변경에 따라 확인된 내용의 형법 조항에 근거하여 처벌한다고 하여 그것이 형벌불소급의 원칙에 반한다고 할 수는 없다.
② 아동·청소년의 성보호에 관한 법률이 정한 신상공개명령, 전자장치 부착 등에 관한 법률이 정한 전자감시, 가정폭력범죄의 처벌 등에 관한 특례법이 정한 사회봉사명령 등은 형벌이 아니라 보안처분의 성격을 갖는 것으로서 형벌불소급의 원칙이 적용되지 아니한다.
③ 범죄의 성립과 처벌은 행위시의 법률에 의한다고 할 때의 '행위시'는 범죄행위의 종료시를 의미하는 것으로서, 포괄일죄로 되는 개개의 범죄행위가 법 개정의 전후에 걸쳐서 행하여진 경우에는 범죄실행 종료시의 법이라고 할 수 있는 신법을 적용하여 포괄일죄로 처단하여야 한다.
④ 이미 공소시효가 완성되었음에도 그 시효를 연장하는 것과 같은 진정소급입법이라 하더라도, 기존의 법을 변경하여야 할 공익적 필요는 심히 중대한 반면에 그 법적 지위에 대한 개인의 신뢰를 보호하여야 할 필요가 상대적으로 적어 개인의 신뢰이익을 관철하는 것이 객관적으로 정당화될 수 없는 경우에는 예외적으로 허용될 수 있다.

10

다음 사례에 관한 설명으로 옳지 않은 것은? (다툼이 있는 경우 판례에 의함)

> 한국인 유학생 甲은 일본 지하철에서 일본인 여성의 치마 속 신체를 휴대전화로 몰래 촬영하여 보관하고 있던 중 성폭력범죄의 처벌 등에 관한 특례법이 개정되었다. 개정된 법률은 구법보다 법정형이 가벼워진 대신 신상정보 공개명령과 공소시효를 10년으로 연장하는 특례조항이 신설되었고, 부칙에서는 법시행 전 행위에 대해서도 신법을 적용하도록 하였다.

① 甲에 대해서는 형법 제3조에 의하여 우리 형법이 적용된다.
② 법정형과 관련하여 구법이 반성적 고려에 따라 법정형이 변경되었다면 甲에게는 개정 후 법정형이 적용되지만, 반성적 고려에 따라 변경된 것이 아니라면 개정 전 법정형이 적용된다.
③ 甲의 범죄행위에 대한 공소시효가 완료되지 않은 상태에서 신법이 시행된 경우 甲에게 신법을 적용하더라도 죄형법정주의에 위반되지 않는다.
④ 신상정보 공개명령제도는 일종의 보안처분이기 때문에 甲에게 개정된 법률을 소급적용하더라도 소급효금지의 원칙에 반하지 않는다.

11

협박죄에 관한 설명으로 옳은 것은? (다툼이 있는 경우 판례에 의함)

① 甲이 A에게 "앞으로 수박이 없어지면 네 책임으로 한다."라고 말한 것은 해악의 고지에 해당하여 협박죄가 성립하고 그 후 A가 스스로 음독자살하였다면 이는 甲의 협박으로 인한 결과로 볼 수 있다.
② 협박죄가 성립하기 위하여는 적어도 발생 가능한 것으로 생각될 수 있는 정도의 구체적인 해악의 고지가 있어야 한다.
③ 사채업자인 甲이 A에게 채무를 변제하지 않으면 A가 숨기고 싶어하는 과거의 행적과 사채를 쓴 사실 등을 A의 남편과 시댁에 알리겠다는 등의 문자메시지를 발송한 경우, 이는 A에게 공포심을 일으키기에 충분한 것이기는 하나, 이러한 해악의 고지는 사회통념에 비추어 용인할 수 있는 정도의 것으로 볼 수 있어서 정당행위에 해당한다.
④ 甲이 A와 언쟁 중에 "입을 찢어 버릴라"라고 한 말은 甲의 A와의 관계, 甲이 그와 같은 폭언을 하게 된 동기, 그 당시의 주위사정 등에 비추어 단순한 감정적인 욕설에 불과하다고 볼 수 없고 A에게 해악을 가할 것을 고지한 행위라고 볼 수 있으므로, 협박죄에서의 협박에 해당한다.

12

강간과 추행의 죄에 관한 설명으로 옳지 않은 것은? (다툼이 있는 경우 판례에 의함)

① 피해자가 깊은 잠에 빠져 있거나 술·약물 등에 의해 일시적으로 의식을 잃은 상태 또는 완전히 의식을 잃지는 않았더라도 그와 같은 사유로 정상적인 판단능력과 대응·조절능력을 행사할 수 없는 상태에 있었다면, 이는 준강간죄 또는 준강제추행죄에서의 심신상실 또는 항거불능 상태에 해당한다.

② 위계에 의한 간음죄에 해당하는지 여부를 판단할 때에는 구체적인 범행 상황에 놓인 피해자의 입장과 관점이 충분히 고려되어야 하고, 일반적·평균적 판단능력을 갖춘 성인 또는 충분한 보호와 교육을 받은 또래의 시각에서 인과관계를 쉽사리 부정하여서는 안 된다.

③ 성폭력범죄의 처벌 등에 관한 특례법 제11조의 '공중밀집장소에서의 추행'이 기수에 이르기 위하여는 행위자의 행위로 인하여 대상자가 성적 수치심이나 혐오감을 반드시 실제로 느껴야 하는 것은 아니고, 객관적으로 일반인에게 성적 수치심이나 혐오감을 일으키게 할 만한 행위로서 선량한 성적 도덕관념에 반하는 행위를 실행하는 것으로 충분하다.

④ 사람 및 차량의 왕래가 빈번한 도로에서 피고인이 자신의 말을 무시한 피해자에게 성적이지 않은 욕설을 하면서 단순히 바지를 내리고 자신의 성기를 피해자에게 보여 준 경우 강제추행죄가 성립한다.

13

주거침입의 죄에 관한 설명으로 옳지 않은 것은? (다툼이 있는 경우 판례에 의함)

① 주거침입죄의 실행의 착수가 인정되기 위해서는 주거자 등의 의사에 반하여 주거나 관리하는 건조물 등에 들어가는 행위, 즉 구성요건의 일부를 실현하는 행위까지 요구하는 것은 아니고, 범죄구성요건의 실현에 이르는 현실적 위험성을 포함하는 행위를 개시하는 것으로 족하다.

② 건물신축 공사 현장에 무단으로 들어간 뒤 타워크레인에 올라가 이를 점거한 경우, 작업을 위하여 토지에 고정되어 있는 타워크레인과 그 운전실은 건조물침입죄의 객체인 건조물에 해당한다.

③ 외부인이 공동거주자의 일부가 부재중인 주거 내에 현재하는 거주자의 현실적인 승낙을 받아 통상적인 출입방법으로 그 주거에 들어갔다면, 설령 그것이 부재중인 다른 공동거주자의 의사에 반하는 것으로 추정되더라도 사실상 주거의 평온을 깨뜨렸다고 볼 수 없다.

④ 사실상 평온상태를 해치는 행위태양으로 주거에 들어가는 것이라면 대체로 거주자의 의사에 반하는 것이겠으나, 단순히 주거에 들어가는 행위 자체가 거주자의 의사에 반한다는 거주자의 주관적 사정만으로 바로 주거침입죄의 '침입'에 해당한다고 볼 수 없다.

14

업무방해죄에 관한 설명으로 옳지 않은 것은? (다툼이 있는 경우 판례에 의함)

① 의료인이나 의료법인이 아닌 자가 의료기관을 개설하여 운영하는 행위뿐만 아니라 무자격자에 의해 개설된 의료기관에 고용된 의료인이 환자를 진료하는 행위 또한 당연히 반사회성을 띠는 행위이므로 업무방해죄의 보호대상이 되는 업무에 해당하지 않는다.
② 컴퓨터 등 정보처리장치에 정보를 입력하는 등의 행위가 그 입력된 정보 등을 바탕으로 업무를 담당하는 사람의 오인, 착각 또는 부지를 일으킬 목적으로 행해진 경우에는 그 행위가 업무를 담당하는 사람을 직접적인 대상으로 이루어진 것이 아니라고 하여도 위계에 의한 업무방해죄가 성립한다.
③ 형법상 업무방해죄에서 말하는 '위력'은 폭력·협박은 물론 사회적·경제적·정치적 지위와 권세에 의한 압박 등도 이에 포함되지만, 적어도 그러한 위력으로 인하여 피해자의 자유의사를 제압하기에 충분하다고 평가될 정도의 세력에는 이르러야 한다.
④ 피해자에 대한 폭행행위가 동일한 피해자에 대한 업무방해죄의 수단이 되었다고 하더라도 그러한 폭행행위는 이른바 '불가벌적 수반행위'에 해당하므로 업무방해죄에 대하여 흡수관계에 있다고 볼 수 없다.

15

사기의 죄에 관한 설명으로 옳지 않은 것은? (다툼이 있는 경우 판례에 의함)

① 비의료인이 개설한 의료기관이 개설 명의를 빌려준 의료인으로 하여금 환자들에게 요양급여를 제공하게 하고 의료법에 의하여 적법하게 개설된 요양기관인 것처럼 국민건강보험공단에 요양급여비용의 지급을 청구하여 지급받은 경우 사기죄가 성립한다.
② 신용카드회원이 일시적인 자금궁색 등의 이유로 그 채무를 일시적으로 이행하지 못하게 되는 상황이 아니라 이미 과다한 부채의 누적 등으로 신용카드 사용으로 인한 대출금채무를 변제할 의사나 능력이 없는 상황에 처하였음에도 불구하고 신용카드를 사용하였다면 사기죄에 있어서 기망행위 내지 편취의 범의를 인정할 수 있다.
③ 피고인이 A에게 사업자등록 명의를 빌려주면 세금이나 채무는 모두 자신이 변제하겠다고 속여 그로부터 명의를 대여받아 호텔을 운영하면서 A로 하여금 호텔에 관한 각종 세금 및 채무 등을 부담하게 한 경우, A가 명의를 대여하였다는 것만으로 피고인이 위와같은 채무를 면하는 재산상 이익을 취득하는 A의 재산적 처분행위가 있었다고 보기 어렵다.
④ 금융기관 직원이 전산단말기를 이용하여 다른 공범들이 지정한 특정계좌에 돈이 입금된 것처럼 허위의 정보를 입력하는 방법으로 위 계좌로 입금하였으나 이후 그러한 입금이 취소되어 현실적으로 인출하지 못하였다면 컴퓨터등사용사기죄는 성립하지 아니한다.

16

재산에 대한 죄에 관한 설명으로 옳지 않은 것을 모두 고른 것은? (다툼이 있는 경우 판례에 의함)

> ㄱ. 날치기와 같이 강력적으로 재물을 절취하는 행위는 때로는 피해자를 전도시키거나 부상케 하는 경우가 있고, 그와 같은 결과가 피해자의 반항억압을 목적으로 함이 없이 점유탈취의 과정에서 우연히 가해진 경우라도 이는 강도치상죄로 의율함이 타당하다.
> ㄴ. 甲이 술집 운영자 A로부터 술값의 지급을 요구받자 A를 유인·폭행하고 도주함으로써 술값의 지급을 면하여 재산상 이익을 취득한 경우에는 형법 제335조의 준강도죄가 성립한다.
> ㄷ. 형법 제370조(경계침범)에서 말하는 경계는 반드시 법률상의 정당한 경계를 말하는 것이 아니고 비록 법률상의 정당한 경계에 부합되지 아니하는 경계라고 하더라도 이해관계인들의 명시적 또는 묵시적 합의에 의하여 정하여진 것이면 이는 이 법조에서 말하는 경계라고 할 것이다.
> ㄹ. 甲이 A에 대한 채무를 담보하기 위하여 자기 소유의 건물과 기계·기구를 A의 근저당권의 목적물로 제공한 경우에 甲이 담보유지의무를 위반하여 A의 근저당권의 목적이 된 건물을 철거 및 멸실등기하고, 기계·기구를 양도한 행위만으로는 물건을 손괴 또는 은닉하여 A의 권리행사를 방해한 행위로서 권리행사방해죄가 성립한다고 볼 수 없다.
> ㅁ. 사업비용을 대납하는 것을 조건으로 甲 소유의 건물 5층에 임시로 거주하고 있는 A가 그 비용을 입금하지 않자 甲이 A의 가족을 내쫓을 목적으로 5층 현관문에 설치된, 甲 소유의 디지털 도어락의 비밀번호를 변경할 것을 乙(甲의 아들)에게 지시하여 도어락의 비밀번호를 乙이 변경한 경우에 乙에게는 권리행사방해죄가 성립할 수 없고, 甲의 권리행사방해교사죄도 성립할 수 없다.

① ㄱ, ㄴ, ㄹ
② ㄱ, ㄴ, ㅁ
③ ㄱ, ㄷ, ㄹ
④ ㄷ, ㄹ, ㅁ

17

배임죄의 성립 여부에 관한 설명으로 옳지 않은 것은? (다툼이 있는 경우 판례의 의함)

① 공무에 관하여도 배임죄는 성립할 수 있고, 그 경우 주체는 공무원에 한정되는 것은 아니다.
② 甲이 대표이사로 있는 A상가 주식회사가 A회사에 건축자금이 모자라게 되자 甲이 A회사의 명의로 乙 등에게 이미 분양된 상가를 丙 등에게 이중분양하여 대금을 받은 후 건축 완료와 동시에 丙 등에게 등기이전을 해 준 경우, 그 대표기관과 법인은 동시에 타인의 사무를 처리하는 자, 즉 배임죄의 주체가 된다.
③ 건물의 소유자가 제1매수인과 매매계약을 체결하고 그 대금 전액을 지급받았는데, 매수인이 아직 등기이전을 하고 있지 않아서 더 좋은 조건을 제시하는 선의의 제2매수인에게 매도하여 등기이전까지 해준 경우에는 횡령죄가 아닌 배임죄가 성립한다.
④ 내연의 처에게 불륜관계를 지속하는 대가로 빌딩이전 등기를 경료해 주기로 한 후 이를 이행하지 아니한 경우라도 배임죄가 성립하는 것은 아니다.

18

다음 중 가장 옳지 않은 것은? (다툼이 있는 경우 판례에 의함)

① 세금계산서상의 공급받는 자는 그 문서 내용의 일부에 불과할 뿐이므로 임의적 기재사항인 '공급받는 자'란에 임의로 다른 사람을 기재하였더라도 그 사람에 대한 관계에서 사문서위조죄가 성립하지 않는다.
② 부동산 매수인(乙)이 매도인(甲)과 부동산계약서 2통을 작성하고 그 중 1통을 가지고 있는 기회를 이용하여 행사할 목적으로 그 부동산계약서의 좌단 난외에 '전기 부동산에 대한 제3자에 대여한 전세계약은 乙이 승계하고 전세금반환의무를 부하기로 함'이라고 권한 없이 가필하고 그 밑에 자신의 인장을 날인하였다면 사문서위조죄가 성립한다.
③ 소속 공무소 식당의 주·부식 구입 업무를 담당하는 공무원이 그 공무소와의 계약에 의하여 주·부식의 구입·검수 업무 등을 담당하는 비공무원인 영양사의 명의를 위조하여 검수결과보고서를 작성하였더라도 공문서위조죄가 성립하지 않는다.
④ 컴퓨터 모니터 화면상의 이미지로 생성된 국립대학교 교무처장 명의의 졸업증명서 파일은 형법상문서에 관한 죄에서의 '문서'에 해당하지 않는다.

19

뇌물죄에 관한 설명으로 옳지 않은 것은? (다툼이 있는 경우 판례에 의함)

① 공무원이 직무에 관하여 금전을 무이자로 차용한 경우에는 차용 당시에 금융이익 상당의 뇌물을 수수한 것으로 보아야 하므로 공소시효는 금전을 무이자로 차용한 때로부터 기산한다.

② 법령에 기한 임명권자에 의하여 임용되어 공무에 종사하여 온 사람이 임용결격자였음이 나중에 밝혀져 당초의 임용행위가 무효이더라도 그가 임용행위라는 외관을 갖추어 실제로 공무를 수행하였다면 형법 제129조에 규정한 공무원으로 봄이 타당하고, 그가 그 직무에 관하여 뇌물을 수수한 때에는 수뢰죄로 처벌할 수 있다.

③ 뇌물의 내용인 '이익'이라 함은 금전, 물품 기타 재산적 이익뿐만 아니라 사람의 수요, 욕망을 충족시키기에 족한 일체의 유형·무형의 이익을 포함하고, 성적 욕구의 충족이 제공된 경우도 이에 해당하나, 투기적 사업에 참여할 기회를 얻는 것은 해당하지 않는다.

④ 공무원이 직접 뇌물을 받지 않고 증뢰자로 하여금 다른 사람에게 뇌물을 공여하도록 한 경우, 그 다른 사람이 공무원의 사자 또는 대리인으로서 뇌물을 받은 경우나, 그 다른 사람이 뇌물을 받음으로써 공무원은 그만큼 지출을 면하게 되는 경우 등 사회통념상 그 다른 사람이 뇌물을 받은 것을 공무원이 직접 받은 것과 같이 평가할 수 있는 관계가 있는 경우에는 형법 제129조 제1항의 뇌물수수죄가 성립한다.

20

위증 및 무고의 죄에 관한 설명으로 옳은 것을 모두 고른 것은? (다툼이 있는 경우 판례에 의함)

ㄱ. 헌법 제12조 제2항에 정한 불이익 진술의 강요금지 원칙을 구체화한 자기부죄거부특권에 관한 것이거나 기타 증언거부사유가 있음에도 증인이 증언거부권을 고지받지 못함으로 인하여 그 증언거부권을 행사하는 데 사실상 장애가 초래되었다고 볼 수 있는 경우에는 위증죄의 성립을 부정하여야 할 것이다.

ㄴ. 무고죄에 있어서 '허위의 사실'이라 함은 그 신고된 사실로 인하여 상대방이 형사처분이나 징계처분 등을 받게 될 위험이 있는 것이어야 하고, 독립하여 형사처분 등의 대상이 되지 아니하고 단지 신고사실의 정황을 과장하는 데 불과하거나 전체적으로 보아 범죄사실의 성립 여부에 직접 영향을 줄 정도에 이르지 아니하는 내용에 관계되는 것이라면 무고죄가 성립하지 아니한다.

ㄷ. 형법 제153조 소정의 위증죄를 범한 자가 자백, 자수를 한 경우의 형의 감면규정은 재판 확정 전의 자백을 형의 필요적 감경 또는 면제사유로 한다는 것이며, 또 위 자백의 절차에 관하여는 공술한 사건을 다루는 기관에 대한 자발적인 고백은 포함되나, 위증사건의 피고인 또는 피의자로서 법원이나 수사기관의 신문에 의한 고백은 위 자백의 개념에 포함되지 않는다.

ㄹ. 고소인이 고소장을 접수하더라도 수사기관의 고소인 출석요구에 응하지 않음으로써 그 단계에서 수사 중지를 의도하고 있었고, 더 나아가 피고소인들에 대한 출석요구와 피의자신문 등의 수사권까지 발동될 것은 의욕하지 않았다고 하더라도 고소장을 수사기관에 제출한 이상 무고죄는 성립한다.

① ㄱ, ㄴ ② ㄱ, ㄴ, ㄹ
③ ㄱ, ㄷ, ㄹ ④ ㄴ, ㄷ, ㄹ

제 3 회 동형모의고사

제한시간: /20분
점수: /100점

01

인과관계와 객관적 귀속에 관한 설명으로 옳지 않은 것은? (다툼이 있는 경우 판례에 의함)

① 합법칙적 조건설은 인과관계와는 다른 별도의 기준인 객관적귀속이론에 의해 사실적 인과관계의 확정과 법적·규범적 확정을 구별하여 인과관계와 객관적 귀속을 판단한다.
② 상당인과관계설에 의하면 사실적 측면과 규범적 측면을 모두 고려하여 '상당성'을 판단하며 상당성은 행위와 결과 사이의 개연성 관계를 의미한다.
③ 과실범에 있어서 행위자에게 주의의무위반이 존재하면 주의의무를 다하였다면 같은 결과가 발생하지 않았을 것이라는 점을 입증하지 않았다 하더라도 주의의무 위반과 발생한 결과사이에 객관적 귀속이 인정된다.
④ 자동차가 보행자를 직접 충격한 것이 아니고 보행자가 자동차의 급정거에 놀라 도로에 넘어져 상해를 입은 경우라고 할지라도 주의의무 위반이 교통사고 발생의 직접적인 원인이 되었다면 업무상 주의의무 위반과 교통사고 발생 사이에 상당인과관계를 인정할 수 있다.

02

부작위범에 관한 설명으로 옳지 않은 것은? (다툼이 있는 경우 판례에 의함)

① 보험계약 체결 당시 이미 발생한 교통사고 등으로 생긴 '요추, 경추, 사지' 부분의 질환과 관련하여 입·통원치료를 받고 있었을 뿐 아니라 그러한 기왕증으로 인해 유사한 상해나 질병으로 보통의 경우보다 입원치료를 더 받게 될 개연성이 농후하다는 사정을 인식하고 있었음에도 자신의 과거 병력과 치료이력을 모두 묵비한 채 보험계약을 체결하였다면 부작위에 의한 기망에 해당한다.
② 경찰공무원이 지명수배 중인 범인을 발견하고도 직무상 의무에 따른 적절한 조치를 취하지 아니하고 오히려 범인을 도피하게 하는 행위를 하였다면, 그 직무위배의 위법상태는 범인도피행위 속에 포함되어 있다고 보아야 할 것이므로, 이와 같은 경우에는 작위범인 범인도피죄만이 성립하고 부작위범인 직무유기죄는 따로 성립하지 아니한다.
③ 甲이 휴대폰 녹음기능을 작동시킨 상태로 A의 휴대폰에 전화를 걸어 약 8분간의 전화통화를 마친 후 바로 전화를 끊지 않고 A가 먼저 전화 끊기를 기다리던 중 B의 목소리가 들려오자 A가 실수로 통화종료 버튼을 누르지 아니한 상태를 이용하여 A와 B가 나누는 대화를 몰래 청취·녹음하였다면 甲의 행위는 부작위에 의한 통신비밀보호법위반죄에 해당한다.
④ 공사업자 甲이 A의 토지 위에 자신의 공사를 위해 쌓아 두었던 건축자재를 공사 완료 후 단순히 치우지 않은 것에 불과하다면, 이러한 행위가 A의 추가 공사 업무에 대한 적극적인 방해행위와 동등한 형법적 가치를 가진다고 볼 수 없다.

03

결과적 가중범에 관한 설명으로 옳지 않은 것은? (다툼이 있는 경우 판례에 의함)

① 甲이 피해자들의 재물을 강취하고 그들을 살해할 목적으로 현주건조물에 방화하여 피해자들을 사망에 이르게 한 경우, 甲의 행위는 강도살인죄와 현주건조물방화치사죄에 모두 해당하고 그 두 죄는 상상적 경합범 관계에 있다.

② 甲이 피해자를 폭행하여 비골 골절 등의 상해를 가한 다음 새로이 추행의 범의를 일으켜 피해자를 강제추행한 경우, 甲의 위 폭행은 강제추행의 수단으로서의 폭행으로 볼 수 있고 이로 인하여 피해자가 상해를 입은 결과에 대하여는 결과적 가중범인 강제추행치상죄가 성립한다.

③ 甲이 피해자를 강간한 후 의식불명 상태에 빠진 피해자를 비닐창고로 옮겨 놓아 피해자가 저체온증으로 사망한 경우, 강간치사상죄의 사상의 결과는 간음행위 자체나 강간에 수반하는 행위에서 발생한 경우도 포함되므로 甲에게는 강간치사죄가 인정된다.

④ 강도합동범 중 1인인 甲이 공범 乙과 공모한 대로 과도를 들고 강도를 하기 위하여 피해자의 거소에 들어가 피해자를 향하여 칼을 휘두른 경우, 대문 밖에서 망을 본 공범 乙은 구체적으로 상해를 가할 것까지 공모하지 않았다 하더라도 그 상해의 결과에 대하여 공범으로서의 책임을 면할 수 없다.

04

책임에 관한 설명으로 옳지 않은 것은? (다툼이 있는 경우 판례에 의함)

① 위법성은 행위에 대한 반가치 판단이므로 개인적 특수성을 고려하지 않지만 책임은 행위자에 대한 반가치 판단이므로 개인적 특수성을 고려한다.

② 정신적 장애가 있는 사람이라 하여도 범행 당시 정상적인 사물변별능력과 행위통제능력이 있었다면 심신장애로 볼 수 없다.

③ 일반적으로 범죄가 성립하지만 자신의 특수한 사정에 비추어 법령에 따라 허용된 행위로서 죄가 되지 않는다고 그릇 인식하고 그러한 인식에 정당한 이유가 있는 경우에는 법률의 착오에 해당한다.

④ 병역법 제88조 제1항은 현역입영 또는 소집통지서를 받고도 정당한 사유없이 이에 응하지 않은 사람을 처벌하고 있는데 여기에서 '정당한 사유'는 책임을 조각하는 사유이기 때문에 사회적 평균인의 관점에서 그 기대가능성 유무를 판단해야 한다.

05

실행의 착수에 관한 설명으로 옳지 않은 것은? (다툼이 있는 경우 판례에 의함)

① 입영대상자가 병역면제처분을 받을 목적으로 병원으로부터 허위의 병사용진단서를 발급받은 경우 구 병역법 제86조의 사위행위의 실행에 착수하였다.

② 위장결혼의 당사자 및 브로커와 공모한 甲이 허위로 결혼사진을 찍고 혼인신고에 필요한 서류를 준비하여 위장결혼의 당사자에게 건네준 것만으로는 공전자기록등불실기재죄의 실행에 착수한 것으로 볼 수 없다.

③ 실행의 착수시기에 관한 학설 중 주관설은 범죄란 범죄적 의사의 표현이므로 범죄의사를 명백하게 인정할 수 있는 외부적 행위가 있을 때 또는 범의의 비약적 표동이 있을 때 실행의 착수가 있다는 견해로 가벌적 미수의 범위가 지나치게 확대될 수 있다.

④ 야간에 아파트에 침입하여 물건을 훔칠 의도하에 아파트의 베란다 철제난간까지 올라가 유리창문을 열려고 시도한 경우 야간주거침입죄의 실행에 착수하였다.

06

불능미수에 관한 설명으로 옳은 것은? (다툼이 있는 경우 판례에 의함)

① 불능미수 성립요건인 위험성 판단은 일반인이 행위 당시에 인식한 사정을 놓고 이것이 객관적으로 일반인의 판단으로 보아 결과 발생의 가능성이 있느냐를 따져야 한다.
② 농약을 탄 배추국을 먹여 피해자를 살해하고자 하였으나 이를 먹던 피해자가 국물을 토함으로써 미수에 그친 경우, 법원으로서는 불능미수 성립 여부에 대해서도 판단하여야 한다.
③ 소송비용을 편취할 의사로 소송비용의 지급을 구하는 손해배상청구의 소를 제기한 경우, 이러한 소의 제기는 일반인의 판단으로 보아 결과 발생의 가능성이 있어 사기죄의 불능미수에 해당한다.
④ 염산에페트린 및 수종의 약품을 교반하여 히로뽕 제조를 시도하였으나 약품배합 미숙으로 완제품을 제조하지 못한 경우, 이는 그 성질상 결과발생의 위험성이 없어 습관성의약품제조죄의 불능범에 해당한다.

07

공범에 관한 설명으로 옳지 않은 것은? (다툼이 있는 경우 판례에 의함)

① 방조범에게 요구되는 정범 등의 고의는 정범에 의하여 실현되는 범죄의 구체적 내용을 인식해야 하는 것은 아니고 미필적 인식이나 예견으로 충분하지만, 이는 정범의 범행 등의 불법성에 대한 인식이 필요하다는 점과 모순되지 않는다.
② 대향범에 대하여 공범에 관한 형법 총칙 규정이 적용될 수 없다는 법리는 필요적 공범인 대향범뿐만 아니라 구성요건상으로는 단독으로 실행할 수 있는 형식으로 되어 있는데 단지 구성요건이 대향범의 형태로 실행되는 경우에도 적용된다.
③ 업무라는 신분관계가 없는 자가 그러한 신분관계 있는 자와 공모하여 업무상배임죄를 저질렀다면, 그러한 신분관계가 없는 공범에 대하여는 형법 제33조 단서에 따라 단순배임죄에서 정한 형으로 처단하여야 한다.
④ 공동정범의 성립을 위한 공동가공의 의사는 타인의 범행을 인식하면서도 이를 제지하지 아니하고 용인하는 것만으로는 부족하고, 공동의 의사로 특정한 범죄행위를 하기 위해 일체가 되어 서로 다른 사람의 행위를 이용하여 자기 의사를 실행에 옮기는 것을 내용으로 하는 것이어야 한다.

08

다음은 공범과 신분에 관한 사례이다. 옳지 않은 것은? (다툼이 있는 경우 판례에 의함)

(가) 전업주부인 甲은 공무원인 남편 乙과 공모하여 A로부터 뇌물을 받았다.
(나) 甲은 친구 乙과 공모하여 甲의 직계존속인 아버지 A를 살해하였다.
(다) 공무원인 甲은 전업주부인 乙을 교사하여 A로부터 뇌물을 받았다.
(라) 甲은 친구 乙로 하여금 甲의 직계존속인 아버지 A를 살해하도록 교사하였다.

① (가)사안에서 甲에게는 형법 제33조 본문이 적용되어 수뢰죄의 공동정범이 성립하고 수뢰죄의 법정형에 따라 처벌된다.
② (나)사안에서 乙은 형법 제33조 본문에 따라 존속살해죄가 성립하지만, 과형은 제33조 단서가 적용되어 보통살인죄의 형으로 처벌된다.
③ (다)사안에서 甲은 수뢰죄의 교사범이 성립하고 乙은 형법 제33조 본문이 적용되어 수뢰죄로 처벌된다.
④ (라)사안에서 甲과 乙에게는 형법 제33조 단서가 적용되어 각각 존속살해죄의 교사범과 보통살인죄가 성립한다.

09

죄수에 관한 설명으로 옳은 것은? (다툼이 있는 경우 판례에 의함)

① 甲이 피해자의 주거에 침입하여 강간하려다 미수에 그침과 동시에 자기의 형사사건의 수사 또는 재판과 관련하여 수사단서를 제공하고 진술한 것에 대한 보복 목적으로 그를 폭행한 경우, 특정범죄 가중처벌 등에 관한 법률위반(보복범죄등)죄 및 성폭력범죄의 처벌 등에 관한 특례법위반(주거침입강간등)죄가 각 성립하고 두 죄가 상상적 경합관계에 있다.

② 절도 범인으로부터 장물보관을 의뢰받은 甲이 그 정을 알면서 이를 인도받아 보관하고 있다가 A로부터 금원을 차용하면서 보관 중이던 장물을 담보로 제공한 경우, 장물보관죄와 횡령죄가 각 성립하고 두 죄는 실체적 경합관계에 있다.

③ 甲이 보이스피싱 사기 범죄단체에 가입한 후 사기범죄의 피해자들로부터 돈을 편취하는 등 그 구성원으로서 활동한 경우, 범죄단체 가입행위 또는 범죄단체 구성원으로서 활동하는 행위와 사기행위는 법조경합 중 흡수관계에 있으므로 목적된 범인인 사기죄만 성립한다.

④ 甲이 2010.11.15. X회사 사무실에서 부부인 피해자 A와 B에게 '토지를 매수하여 분필한 후 이를 분양해서 원금 및 수익금을 지급하겠다.'면서 기망한 후 공동재산인 건물을 매도하여 돈을 마련한 피해자들로부터 A의 예금계좌에서 1억 원, B의 예금계좌에서 4억 원을 송금받아 편취한 경우, 각 피해자의 피해법익의 동일성에 대하여 예금계좌에 예치된 금전에 관한 권리 등 민사상 권리 귀속관계 등을 고려하여 판단할 때 이를 포괄일죄로 볼 수 없다.

10

형법의 적용범위에 관한 설명으로 옳지 않은 것은? (다툼이 있는 경우 판례에 의함)

① 법무사 등록증 대여를 처벌하는 법무사법 제72조 제1항에 더하여 2017.12.12. 동법 제72조 제2항의 몰수·추징 조항이 뒤늦게 신설되었다면, 2014.1.경부터 2018.4.9.경까지 법무사등록증 대여 금지를 위반하여 취득한 이익 전부를 추징하더라도 형벌법규의 소급효 금지 원칙에 반하지 않는다.

② 유사수신약정 체결 및 출자금 수수 행위가 대한민국 영역 내에서 이루어진 이상, 비록 인터넷 홈페이지를 개설한 장소나 출자금을 최종적으로 수령한 장소가 대한민국 영역 외라 하더라도 성명·국적 불상의 회사 운영자들에게 형법 제2조(국내범), 제8조(총칙의 적용)에 따라 대한민국의 형벌법규인 유사수신행위법이 적용된다.

③ 미합중국 군대의 군속 중 통상적으로 대한민국에 거주하고 있는 자는 SOFA 협정이 적용되는 군속의 개념에서 배제되므로, 10년 넘게 대한민국에 머물면서 한국인 아내와 결혼하여 가정을 마련하고 직장 생활을 하는 등 생활근거지를 대한민국에 두고 있었던 미합중국 국적의 甲이 저지른 범죄에 대해 대한민국의 형사재판권을 행사할 수 있다.

④ 대한민국 영역 밖에서 형법 제287조의 미성년자 약취·유인죄를 범한 외국인에게도 대한민국 형법이 적용된다.

11

체포와 감금의 죄에 관한 설명으로 옳은 것은? (다툼이 있는 경우 판례에 의함)

① 감금죄에 있어서 사람의 행동의 자유의 박탈은 반드시 전면적이어야 하므로 도박빚으로 인하여 특정구역 내부에서 감금된 피해자 자신의 휴대폰을 이용하여 전화통화를 하는 등 일정한 생활의 자유가 허용되어 있는 경우에는 감금죄가 성립하지 않는다.

② 체포의 고의로써 타인의 신체적 활동의 자유를 현실적으로 침해하는 행위를 개시한 때 체포죄의 실행의 착수가 인정된다.

③ 일반인, 면회인, 경찰관이 수시로 출입하는 곳이고 여닫이문만 열면 나갈 수 있는 구조로 된 경찰서 내 대기실에서 피해자에게 경찰서 밖으로 나가지 못하도록 그 신체의 자유를 제한하는 유형·무형의 억압이 있었다고 하더라도, 이는 감금에 해당하지 않는다.

④ 감금죄는 행동의 자유와 의사를 가진 자연인을 대상으로 하므로 정신병자는 감금죄의 객체가 되지 않는다.

12

주거침입죄에 관한 설명으로 옳지 않은 것은? (다툼이 있는 경우 판례에 의함)

① 다가구용 단독주택이나 아파트와 같은 공동주택 내부의 엘리베이터, 공용 계단, 복도 등 공용 부분도 주거침입죄의 객체인 '사람의 주거'에 해당한다.
② 주거침입죄의 침입에 해당하는지는 거주자의 의사에 반하는지를 기준으로 판단하는 것이 원칙이며, 출입 당시 객관적·외형적으로 드러난 행위태양은 사실상의 평온상태를 해치는 행위태양인지를 평가할 때 고려할 요소 중 하나이지만 주된 평가 요소가 될 수 없다.
③ 다른 사람의 주택에 무단 침입한 범죄사실로 이미 유죄판결을 받은 사람이 그 판결이 확정된 후에도 퇴거하지 않은 채 계속하여 당해 주택에 거주한 경우, 위 판결 확정 이후의 행위는 별도의 주거침입죄를 구성한다.
④ 행위자 자신이 다른 사람과 공동으로 거주하거나 관리 또는 점유하는 주거 등에 임의로 출입하더라도 주거침입죄를 구성하지 않지만, 다른 사람과 공동으로 주거에 거주하거나 건조물을 관리하던 사람이 공동생활관계에서 이탈하거나 주거 등에 대한 사실상의 지배·관리를 상실한 경우 등 특별한 사정이 있는 경우에 주거침입죄가 성립할 수 있다.

13

업무방해죄에 관한 설명으로 옳지 않은 것은? (다툼이 있는 경우 판례에 의함)

① 경찰청 민원실에서 민원인들이 진정사건의 처리와 관련하여 경찰청장과의 면담 등을 요구하면서 이를 제지하는 경찰관들에게 큰소리로 욕설을 하고 행패를 부린 행위에 대하여, 업무방해죄가 성립하지 않는다.
② 공인중개사가 아닌 사람이 영위하는 중개업을 위력으로 방해한 경우 업무방해죄가 성립하지 않는다.
③ 형법 제314조 제2항의 컴퓨터등장애업무방해죄가 성립하기 위해서는 정보처리에 장애가 현실적으로 발생하였을 것을 요하나, 정보처리에 장애를 발생하게 하여 업무방해의 결과를 초래할 위험이 발생한 이상, 업무방해의 결과가 실제로 발생하지 않더라도 위 죄가 성립한다.
④ 위력에 의한 업무방해죄는 위력에 의해 현실적으로 피해자의 자유의사가 제압되지 않은 경우에는 성립할 수 없다.

14

다음 설명 중 옳지 않은 것은? (다툼이 있는 경우 판례에 의함)

① 甲이 자신의 딸에 대한 A의 학교폭력을 신고하여 A에 대하여 '접촉 및 보복행위의 금지' 등 조치가 내려지자 자신의 SNS 프로필 상태메시지에 '학교폭력범은 접촉금지' 등의 글을 게시한 행위를 들어 A의 명예를 훼손한 것이라 할 수 없다.
② 명예훼손죄나 모욕죄의 피해자에는 자연인으로서 사람뿐만 아니라 '법인', '법인격 없는 단체'도 포함된다 할 것이므로, 지방자치단체인 군(郡)도 명예훼손죄나 모욕죄의 피해자가 될 수 있다.
③ 이른바 집단표시에 의한 모욕은, 모욕의 내용이 그 집단에 속한 특정인에 대한 것이라고는 해석되기 힘들고, 집단표시에 의한 비난이 개별구성원에 이르러서는 비난의 정도가 희석되어 구성원 개개인의 사회적 평가에 영향을 미칠 정도에 이르지 아니한 경우에는 구성원 개개인에 대한 모욕이 성립되지 않는다고 봄이 원칙이다.
④ 단순히 어떤 사람을 사칭하여 마치 그 사람이 직접 작성한 글인 것처럼 가장하여 인터넷 게시판에 게시글을 올리는 행위는 그 사람에 대한 사실을 드러내는 행위나 사실의 적시에 해당하지 않아 정보통신망 이용촉진 및 정보보호 등에 관한 법률 위반(명예훼손)죄가 성립하지 않는다.

15

절도와 강도의 죄에 관한 설명으로 옳지 않은 것은? (다툼이 있는 경우 판례에 의함)

① 절도범인이 피해자로부터 옷을 잡히자 체포를 면하려고 충동적으로 저항을 시도하여 잡은 손을 뿌리친 경우, 이러한 정도의 폭행은 피해자의 체포력을 억압함에 족한 정도에 이르지 않은 것으로 봄이 상당하여 준강도죄로 의율할 수 없다.
② 날치기 수법의 점유탈취 과정에서 이를 알아채고 재물을 뺏기지 않으려는 피해자의 반항에 부딪혔음에도 계속하여 그 피해자를 끌고 가면서 억지로 재물을 빼앗는 행위는 피해자의 반항을 억압한 후 재물을 강취한 경우로서 강도에 해당한다.
③ 절취한 타인의 신용카드를 이용하여 현금지급기에서 타인의 계좌에서 자신의 계좌로 돈을 이체한 후 자신의 신용카드나 현금카드를 이용하여 현금을 인출한 경우, 이러한 현금인출행위는 현금지급기 관리자의 의사에 반한다고 볼 수 없어 절취행위에 해당하지 않으므로 절도죄를 구성하지 않는다.
④ 식당 건물의 임차인이 임대계약 종료 후 퇴거하면서 종전부터 사용하던 냉장고의 전원을 켜둔 채 그대로 두었다가 약 한 달 후에 철거하여 그 기간 동안 전기가 소비된 경우, 타인의 점유·관리하에 있던 전기를 사용한 것이므로 절도죄가 성립한다.

16

횡령의 죄에 관한 설명으로 옳지 않은 것은? (다툼이 있는 경우 판례에 의함)

① 회사에 대하여 개인적인 채권을 가지고 있는 대표이사가 회사를 위하여 보관하고 있는 회사 소유의 금전으로 이사회의 승인 등의 절차 없이 자신의 회사에 대한 채권을 변제한 경우 횡령죄가 성립한다.
② 지입회사에 소유권이 있는 차량에 대하여 지입회사에서 운행관리권을 위임받은 지입차주가 지입회사의 승낙 없이 보관 중인 차량을 사실상 처분한 경우 횡령죄가 성립한다.
③ 포주가 윤락녀와 사이에 윤락녀가 받은 화대를 포주가 보관하였다가 분배하기로 약정하고도 보관중인 화대를 임의로 소비한 경우 포주의 불법성이 윤락녀의 불법성보다 현저히 크다면 횡령죄를 구성한다.
④ 동업자가 투자금 전액을 회수하여 그 이후 동업관계에 관여한 바가 없고 피고인 역시 위 동업관계가 종료한 것이라고 믿고 혼자서 동업계약에 따라 매수한 부동산의 전매, 관리를 도맡아 처리하면서 그에 따른 금전을 임의소비한 경우 횡령죄가 성립하지 아니한다.

17

배임수재죄에 관한 설명으로 옳지 않은 것은? (다툼이 있는 경우 판례의 의함)

① 배임수재죄의 성립에는 재물 또는 재산상 이익의 현실적 취득이 필요하므로 단순히 이를 요구 또는 약속하는 것만으로는 이에 포함되지 않는다.
② 배임수재죄에서 '부정한 청탁'은 반드시 업무상 배임의 내용이 되는 정도에 이르러야 하고, 사회상규 또는 신의성실의 원칙에 반하는 내용은 충분하지 않다.
③ 보도의 대상이 되는 자가 언론사 소속 기자에게 소위 '유료 기사' 게재를 청탁하는 행위는 사실상 '광고'를 '언론 보도'인 것처럼 가장하여 달라는 것으로서 언론 보도의 공정성 및 객관성에 대한 공공의 신뢰를 저버리는 것이므로, 배임수재죄의 부정한 청탁에 해당한다.
④ 타인의 사무를 처리하는 자가 그 임무에 관하여 부정한 청탁을 받고 제3자로 하여금 재물 또는 재산상의 이익을 취득하게 하는 경우도 배임수재죄가 성립한다.

18

문서죄에 관한 설명으로 옳은 것은? (다툼이 있는 경우 판례에 의함)

① 인터넷을 통하여 열람·출력한 등기사항전부증명서 하단의 열람일시 부분을 단순히 수정 테이프로 지우고 복사해 두었다가 이를 타인에게 교부한 행위는 등기사항전부증명서가 나타내는 권리·사실관계와 다른 새로운 증명력을 가진 문서를 만든 것으로 볼 수 없으므로 공문서변조 및 변조공문서행사죄를 구성하지 않는다.

② 유효기간이 경과한 홍콩 교통국장 명의의 국제운전면허증에 첨부된 사진을 바꾸어 붙여 이를 행사하는 경우 그 상대방이 유효기간을 쉽게 알 수 없도록 되어 있거나 진정하게 작성된 것으로서 명의자로부터 국제운전면허를 받은 것으로 오신하기에 충분한 정도의 형식과 외관을 갖추고 있다면 사문서위조죄에 해당한다.

③ 사문서의 작성명의인이 이미 사망한 자인 경우에는 그 문서의 작성일자가 명의인의 생존 중의 일자로 된 경우가 아니면 사문서위조죄나 그 행사죄를 구성하지 않는 것이며, 이는 자격모용사문서작성죄나 그 행사죄에 있어서도 마찬가지이다.

④ 형법 제238조의 공기호는 해당 부호를 공무원 또는 공무소가 사용하는 것만으로 족하므로 온라인 구매사이트에서 검찰 업무표장의 이미지가 들어간 주차표지판 등을 주문하여 자신의 승용차에 부착하고 다닌 경우에는 해당 부호를 공무원 또는 공무소가 사용하는 것이 분명한 이상 그 부호를 통하여 증명을 하는 사항이 구체적으로 특정되어 있지 않더라도 공기호위조 및 위조공기호행사죄에 해당한다.

19

다음 중 가장 옳지 않은 것은? (다툼이 있는 경우 판례에 의함)

① 피고인이 甲과 주차문제로 말다툼을 할 때 甲이 피고인에게 "술을 먹었으면 입으로 먹었지 똥구멍으로 먹었냐"라고 말한 것에 격분하여 甲이 운영하는 상점으로 찾아가 상점 카운터를 지키고 있던 甲의 딸인 乙(여, 23세)을 보고 "주인 어디 갔느냐"고 소리를 지르다가 등을 돌려 엉덩이가 드러날 만큼 바지와 팬티를 내린 다음 엉덩이를 들이밀며 "똥구멍으로 어떻게 술을 먹느냐, 똥구멍에 술을 부어 보아라"라고 말한 경우 공연음란죄가 성립한다.

② 고속도로에서 행패를 부리다가 경찰관이 출동하여 이를 제지하려고 하자 주위에 운전자 등 많은 사람이 운집한 가운데 시위조로 옷을 모두 벗고 알몸의 상태로 바닥에 드러눕거나 돌아다닌 행위는 공연음란죄에 해당한다.

③ 음란성을 구체적으로 판단함에 있어서는 행위자의 주관적 의도가 아니라 사회 평균인의 입장에서 그 전체적인 내용을 관찰하여 건전한 사회통념에 따라 객관적이고 규범적으로 평가하여야 한다.

④ 음란한 부호 등이 전시된 웹페이지에 대한 링크 행위로 인해 불특정 다수인이 별다른 제한 없이 음란한 부호 등에 바로 접할 수 있는 상태가 실제로 조성되었다고 한다면 이러한 링크 행위는 음란한 부호 등을 공연히 전시한 경우에 해당한다.

20

공무집행방해죄에 관한 설명으로 옳지 않은 것은? (다툼이 있는 경우 판례에 의함)

① 범죄 피해 신고를 받고 출동한 두 명의 경찰관에게 욕설을 하면서 차례로 폭행을 하여 신고 처리 및 수사 업무에 관한 정당한 직무집행을 방해한 경우, 동일한 장소에서 동일한 기회에 이루어진 폭행 행위는 사회관념상 1개의 행위로 평가하는 것이 상당하므로 개별 경찰관에 대한 각각의 공무집행방해죄는 형법 제40조에 정한 상상적 경합의 관계에 있다.

② 수사기관에 대하여 피의자가 허위자백을 하거나 참고인이 허위의 진술을 한 것만으로도 바로 위계에 의한 공무집행방해죄가 성립된다.

③ 음주운전을 하다가 교통사고를 야기한 후 형사처벌을 면하기 위하여 타인의 혈액을 마치 자신의 혈액인 것처럼 교통사고조사 경찰관에게 제출하여 그것으로 국립과학수사연구소에 의뢰하여 혈중알코올농도를 감정하게 하고 그 결과에 따라 음주운전 혐의에 대하여 공소권없음의 의견으로 송치하게 한 경우, 위계에 의한 공무집행방해죄가 성립한다.

④ 위계에 의한 공무집행방해죄는 행위자의 행위목적을 이루기 위하여 상대방의 오인, 착각, 부지를 일으키고 이를 이용하는 위계에 의해 상대방이 그릇된 행위나 처분을 하게 함으로써 성립하고, 만일 그러한 행위가 구체적인 직무집행을 저지하거나 현실적으로 곤란하게 하는 데까지는 이르지 않은 경우에는 위계에 의한 공무집행방해죄로 처벌할 수 없다.

제 4 회 동형모의고사

01
다음 사례에 관한 설명으로 옳지 않은 것은? (다툼이 있는 경우 판례에 의함)

> 선장인 甲은 배가 기울어져 있고 승객 등이 안내방송 등을 믿고 대피하지 않은 채 선내에서 그대로 대기하고 있는 상태에서 배가 더 기울면 밖으로 빠져나오지 못하고 익사할 수 있다는 사실을 알았음에도 승객 등에 대한 구조 조치를 취하지 아니한채 퇴선하였고, 그 결과 선내에 남아 있던 승객 수백명이 익사하였다.

① 甲의 부작위가 작위적 방법에 의한 구성요건의 실현과 동등한 형법적 가치가 있는 것으로 평가될 수 없다 하더라도 보증인지위가 인정되면 부작위에 의한 살인죄가 성립할 수 있다.
② 작위의무는 법령, 법률행위, 선행행위로 인한 경우는 물론 신의성실의 원칙이나 사회상규 혹은 조리상 작위의무가 기대되는 경우에도 인정된다.
③ 위 사안에서 甲이 선장이라 하더라도 침몰과 같은 위급상황에서는 승객을 구할 작위의무가 없다고 착오한 경우, 이분설(이원설)에 의하면 금지착오가 된다.
④ 甲에게 살인죄가 성립하기 위해서는 구성요건의 실현을 회피하기 위하여 요구되는 행위를 현실적·물리적으로 행할 수 있었음에도 하지 아니하였다고 평가될 수 있어야 한다.

02
추정적 승낙에 관한 설명으로 옳지 않은 것은?

① 추정적 승낙이란 피해자의 현실적인 승낙이 없었다고 하더라도 행위 당시 행위자의 주관적 사정에 비추어 볼 때 만일 피해자가 행위의 내용을 알았더라면 당연히 승낙하였을 것으로 예견되는 경우를 말한다.
② 타인 명의 문서를 작성함에 있어 명의자의 명시적인 승낙이나 동의가 없다는 것을 알고 있으면서 명의자가 문서작성 사실을 알았다면 승낙하였을 것이라고 기대하거나 예측한 것만으로는 승낙이 추정된다고 단정할 수 없다.
③ 건물의 소유자라고 주장하는 피고인과 그것을 점유·관리하고 있는 피해자 사이에 건물의 소유권에 대한 분쟁이 계속되고 있는 경우, 피고인이 그 건물에 침입하는 것에 대한 피해자의 추정적 승낙이 있었다고 볼 수 없다.
④ 피고인이 민사소송에서 증거로 제출하기 위하여 자기 명의 예금통장 기장내용 중 특정 회사로부터 지급받은 월급여의 입금자 부분을 화이트테이프로 지우고 복사하여 변조한 후 그 통장사본을 법원에 증거로 제출한 경우, 통장의 명의자인 은행장의 승낙이 추정된다고 볼 수 없다.

03

책임에 관한 설명으로 옳은 것만을 모두 고르면?

ㄱ. 원인에 있어서 자유로운 행위에서 심신장애상태하의 행위에 실행행위성을 인정하는 견해는, 형법 제10조 제3항이 행위와 책임능력 동시존재원칙의 예외를 인정하는 것으로 본다.

ㄴ. 일본 영주권을 가진 재일교포가 영리를 목적으로 관세물품을 구입한 것이 아니라거나 국내 입국 시 관세신고를 하지 않아도 되는 것으로 착오하였다는 등의 사정만으로는 형법 제16조의 법률의 착오에 해당하지 않는다.

ㄷ. 증인으로 선서한 이상 진실대로 진술한다고 하면 자신의 범죄를 시인하는 진술을 하는 것이 되고 증언을 거부하는 것은 자기의 범죄를 암시하는 것이 되어 증인에게 사실대로의 진술을 기대할 수 없다면 적법행위의 기대가능성이 없다.

ㄹ. 형법 제16조의 오인에 정당한 이유가 있는지 여부는 행위자에게 자기 행위의 위법의 가능성에 대해 심사숙고하거나 이를 회피하기 위한 진지한 노력을 다하였더라면 스스로의 행위에 대하여 위법성을 인식할 수 있는 가능성이 있었음에도 이를 다하지 못한 결과 자기 행위의 위법성을 인식하지 못한 것인지 여부에 따라 판단하여야 한다.

① ㄱ, ㄷ
② ㄴ, ㄹ
③ ㄱ, ㄴ, ㄹ
④ ㄴ, ㄷ, ㄹ

04

다음 사례에 관한 설명으로 옳은 것은?

甲은 남편 A가 매일 술을 마시고 들어와서 행패를 부리는 등 A와의 불화로 갈등을 겪는 중이었다. 이에 甲은 새벽에 문이 열리는 소리가 들리고 누군가 집안으로 들어오자, A에 대한 상해의 고의로 컵을 집어 던졌다. 그러자 사람이 '어이쿠'하며 쓰러지는 소리가 나서 불을 켜보니, A가 아니라 칼을 든 B가 컵에 머리를 맞고 쓰러져 있었다. B는 강도를 하기 위하여 甲의 집으로 들어오던 중이었다.

① 위 사례는 구체적 사실의 착오 중 객체의 착오에 해당하는 사례로 구체적 부합설에 따를 경우, 甲의 행위는 A에 대한 상해미수와 B에 대한 과실치상의 죄가 성립하고 양 죄는 상상적 경합관계에 있다.

② 위 사례는 주관적 정당화요소가 결여된 사례로 이러한 때에는 행위반가치는 존재하지만 결과반가치는 존재하지 않아 불능미수범 규정을 유추적용하자는 견해에 따를 경우, 甲의 행위는 상해죄의 불능미수가 된다.

③ 위 사례는 우연방위에 해당하는 사례로 위법성조각사유에 주관적 정당화요소가 필요하지 않다는 판례에 따를 경우, 甲의 행위는 상해죄의 기수가 된다.

④ 위 사례는 오상방위에 해당하는 사례로 엄격책임설에 따를 경우, 甲이 B를 A로 오인함에 있어서 정당한 이유가 있다면 책임이 조각되어 甲의 행위는 무죄가 된다.

05

예비 · 음모에 관한 설명으로 옳은 것은?

① 예비 · 음모 행위자에게 미필적으로라도 준강도할 목적이 있는 경우에는 강도예비 · 음모죄로 처벌할 수 있다.

② 실행의 착수가 있기 전인 예비 · 음모의 행위를 처벌하는 경우에 있어서는 중지범의 관념은 이를 인정할 수 없다.

③ 정범이 실행의 착수에 이르지 아니한 예비의 단계에 그친 경우 이에 가공하는 행위는 예비의 공동정범이 될 수 없다.

④ 형법 제255조의 법문을 고려할 때 살인예비죄가 성립하기 위하여는 형법 제255조에서 명문으로 요구하는 살인죄를 범할 목적이 있으면 족하고 살인의 준비에 관한 고의가 있어야 할 필요는 없다.

06

다음 사례에 관한 설명으로 옳지 않은 것은? (다툼이 있는 경우 판례에 의함)

> 甲은 A를 살해하고자 용기를 얻기 위해 대마초를 피운 후, A를 야산으로 끌고 가 심신미약 상태에서 칼로 A의 복부를 찔렀다.
> A가 살려 달라고 애원하자 甲은 살해행위를 그만두었으나 A의 가방이 탐이 나서 가지고 왔다. 그 후 A는 행인에게 발견되어 병원으로 옮겨져 생명을 구하였다.

① 甲의 행위가 실행미수에 해당하는 경우에는 甲에게 중지미수가 성립하지 않는다.
② 甲이 A의 가방을 가져간 행위는 원인에 있어서 자유로운 행위에 해당하지 않으므로 형을 감경해야 한다.
③ 甲이 A를 살해하려고 한 행위는 심신미약 상태에서의 행위라도 형이 감경되지 않는다.
④ 甲이 A의 복부를 칼로 찔러 많은 피가 흘러나오자 겁을 먹고 그만둔 경우에는 자의성을 인정할 수 없다.

07

다음 설명 중 옳지 않은 것을 모두 고른 것은? (다툼이 있는 경우 판례에 의함)

> ㄱ. 甲은 乙이 A를 살해할 것을 예상하고 이를 도와주기 위해 칼을 빌려주었지만, 乙이 실행의 착수에 나아가지 않은 경우 甲은 살인예비죄의 방조범이 성립한다.
> ㄴ. 甲이 타인의 사망을 보험사고로 하는 생명보험계약을 체결함에 있어 제3자가 피보험자인 것처럼 가장하여 체결하는 과정에서 고의로 보험사고를 일으키려는 의도를 가지고 보험계약을 체결하는 경우 甲의 행위는 보험사기의 예비행위에 해당한다.
> ㄷ. 甲이 A(23세)를 강제추행할 목적으로 범행 장소를 답사하는 등 예비행위를 한 경우 강제추행의 예비죄로 처벌된다.
> ㄹ. 甲이 A를 살해하기 위하여 치사량에 필요한 독극물 100g을 모으던 중 양심의 가책을 느껴 자의로 중지한 경우 甲은 살인예비죄의 중지미수가 성립한다.

① ㄱ, ㄴ
② ㄱ, ㄷ, ㄹ
③ ㄴ, ㄷ, ㄹ
④ ㄱ, ㄴ, ㄷ, ㄹ

08

형법의 시간적 적용범위에 관한 설명으로 옳지 않은 것은? (다툼이 있는 경우 판례에 의함)

① 범죄의 성립과 처벌에 관하여 규정한 형벌법규 자체 또는 그로부터 수권 내지 위임을 받은 법령의 변경에 따라 범죄를 구성하지 아니하게 되거나 형이 가벼워진 경우에 종전 법령이 범죄로 정하여 처벌한 것이 부당하였다거나 과형이 과중하였다는 반성적 고려에 따라 변경된 것인지 여부를 따지지 않고 원칙적으로 형법 제1조 제2항이 적용된다.
② 법령이 개정 내지 폐지된 경우가 아니라 스스로 유효기간을 구체적인 일자나 기간으로 특정하여 효력의 상실을 예정하고 있던 법령이 그 유효기간을 경과함으로써 더 이상 효력을 갖지 않게 된 경우도 형법 제1조 제2항에서 말하는 법령의 변경에 해당한다.
③ 형벌법규 자체 또는 그로부터 수권 내지 위임을 받은 법령이 아닌 다른 법령이 변경된 경우 형법 제1조 제2항을 적용하려면, 해당 형벌법규에 따른 범죄의 성립 및 처벌과 직접적으로 관련된 형사법적 관점의 변화를 주된 근거로 하는 법령의 변경에 해당하여야 한다.
④ 형벌법규가 대통령령, 총리령, 부령과 같은 법규명령이 아닌 고시 등 행정규칙·행정명령, 조례 등에 구성요건의 일부를 수권 내지 위임한 경우에도 이러한 고시 등 규정이 위임입법의 한계를 벗어나지 않는 한 형벌법규와 결합하여 법령을 보충하는 기능을 하는 것이므로 그 변경에 따라 범죄를 구성하지 아니하게 되거나 형이 가벼워졌다면 형법 제1조 제2항이 적용된다.

09

몰수와 추징에 관한 설명으로 옳은 것은? (다툼이 있는 경우 판례에 의함)

> 甲은 모텔 등에서 투숙객을 대상으로 휴대전화로 동영상을 불법촬영한 후, 음란물 유포 인터넷 사이트를 운영하는 乙에게 전달하였고, 이에 대해 乙은 甲의 은행계좌로 범행의 보수를 송금하였다. 乙은 인터넷 사이트 이용자에게 비트코인(Bitcoin)을 대가로 지급 받는 방식으로 불법 촬영된 동영상을 서비스하였다. 이후 乙은 위 인터넷 사이트를 丙에게 매각하였다.

① 甲의 휴대전화에 저장된 불법 촬영 동영상은 저장매체에 전자방식이나 자기방식에 의하여 저장된 정보로서 '물건'이라고 할 수 없으므로 몰수할 수 없다.
② 甲이 계좌송금을 통해 취득한 범행의 보수는 형법 제48조 제1항 제2호, 제2항이 규정한 추징의 대상에 해당한다.
③ 乙이 음란물 유포 인터넷 사이트를 운영하면서 음란물 유포죄에 의하여 취득한 비트코인(Bitcoin)은 형법뿐만 아니라 범죄수익은닉의 규제 및 처벌 등에 관한 법률에 의해서도 몰수할 수 없다.
④ 乙이 음란물 유포 인터넷 사이트 매각을 통해 취득한 대가는 형법 제48조 제1항 제2호, 제2항에서 규정한 추징의 대상에 해당하지 않는다.

10

집행유예에 관한 설명으로 옳지 않은 것은?

① 집행유예 기간 중에 범한 범죄라고 할지라도 집행유예가 실효취소됨이 없이 그 유예기간이 경과한 경우에는 이에 대해 다시 집행유예의 선고가 가능하다.
② 형법 제62조에 의하여 집행유예를 선고할 경우에는 같은 법 제62조의2 제1항에 규정된 보호관찰과 사회봉사 또는 수강을 동시에 명할 수 있다.
③ 법원이 형법 제62조의2의 규정에 의한 사회봉사명령으로 피고인에게 일정한 금원을 출연하거나 이와 동일시할 수 있는 행위를 명하는 것도 허용될 수 있다.
④ 확정판결 이전 및 이후의 두 개의 범죄에 대하여 하나의 판결로 두 개의 자유형을 선고하는 경우 그 두 개의 자유형은 각각 별개의 형이므로 형법 제62조 제1항에 정한 집행유예의 요건에 해당하면 그 각 자유형에 대하여 각각 집행유예를 선고할 수 있다.

11

강간과 추행의 죄에 관한 설명으로 옳지 않은 것은? (다툼이 있는 경우 판례에 의함)

① 강제추행죄에서의 '폭행 또는 협박'은 상대방의 항거를 곤란하게 할 정도로 강력할 것이 요구되지 아니하고 상대방의 신체에 대하여 불법한 유형력을 행사(폭행)하거나 일반적으로 보아 상대방으로 하여금 공포심을 일으킬 수 있는 정도의 해악을 고지(협박)하는 것이라고 보아야 한다.
② 어떠한 행위가 강제추행죄의 '폭행 또는 협박'에 해당하는지 여부는 행위의 목적과 의도, 구체적인 행위태양과 내용, 행위의 경위와 행위 당시의 정황, 행위자와 상대방과의 관계, 그 행위가 상대방에게 주는 고통의 유무와 정도 등을 종합하여 판단하여야 한다.
③ 음주 후 준강간 또는 준강제추행의 피해를 호소하는 사람이 의식상실(passing out) 상태에 빠져 있지는 않지만 알코올의 영향으로 의사를 형성할 능력이나 성적 자기결정권 침해행위에 맞서려는 저항력이 현저하게 저하된 상태였다면 '항거불능'에 해당하여, 이러한 사람에 대한 성적 행위는 준강간죄 또는 준강제추행죄를 구성할 수 있다.
④ 강제추행죄는 자수범이라고 볼 수 없으므로 처벌되지 아니하는 타인을 도구로 삼아 피해자를 강제로 추행하는 간접정범의 형태로도 범할 수 있으나, 여기에서의 강제추행에 관한 간접정범의 의사를 실현하는 도구로서의 '타인'에는 피해자가 포함되지 않으므로 만일 피해자를 도구로 삼아 피해자의 신체를 이용하여 추행행위를 한 경우라면, 강제추행죄의 간접정범에 해당할 수 없다.

12

명예훼손죄에 관한 설명으로 옳은 것을 모두 고른 것은? (다툼이 있는 경우 판례에 의함)

ㄱ. 전파가능성이 있다는 이유로 공연성을 인정하는 것은 문언의 통상적 의미를 벗어나 피고인에게 불리한 확장해석으로 죄형법정주의에서 금지하는 유추해석에 해당한다.
ㄴ. 사실적시의 내용이 사회 일반의 일부 이익에만 관련된 사항이라도 다른 일반인과 공동생활에 관계된 사항이라면 공익성을 지니고, 나아가 개인에 관한 사항이더라도 공공의 이익과 관련되어 있고 사회적인 관심을 획득하거나 획득할 수 있는 경우라면 직접적으로 국가·사회 일반의 이익이나 특정한 사회집단에 관한 것이 아니라는 이유만으로 형법 제310조의 적용을 배제할 것은 아니다.
ㄷ. 객관적으로 피해자의 사회적 평가를 저하시키는 사실에 관한 발언이 보도, 소문이나 제3자의 말을 인용하는 방법으로 단정적인 표현이 아닌 전문 또는 추측의 형태로 표현된 경우, 표현전체의 취지로 보아 사실이 존재할 수 있다는 것을 '암시'하는 방식으로 이루어졌다면 사실을 적시한 것으로 볼 수 없다.
ㄹ. 정보통신망 이용촉진 및 정보보호 등에 관한 법률위반(명예훼손)죄의 '비방할 목적'이란 공공의 이익을 위한 것과는 행위자의 주관적 의도의 방향에서 서로 상반되는 관계에 있으므로, 적시한 사실이 공공의 이익에 관한 것인 경우에는 특별한 사정이 없는 한 비방할 목적은 부인된다.
ㅁ. 명예훼손죄의 공연성에 관해 확립된 법리로 정착된 이른바 전파가능성 이론은 정보통신망 이용촉진 및 정보보호 등에 관한 법률상 정보통신망을 이용한 명예훼손뿐만 아니라 공직선거법상 후보자비방죄 등의 공연성 판단에도 동일하게 적용된다.

① ㄱ, ㄷ, ㄹ
② ㄴ, ㄷ, ㅁ
③ ㄴ, ㄹ, ㅁ
④ ㄴ, ㄷ, ㄹ, ㅁ

13

사기의 죄에 관한 설명으로 옳지 않은 것은? (다툼이 있는 경우 판례에 의함)

① 자기에게 유리한 판결을 얻기 위하여 소송상의 주장이 사실과 다름이 객관적으로 명백하거나 증거가 조작되어 있다는 정을 인식하지 못하는 제3자를 이용하여 그로 하여금 소송의 당사자가 되게 하고 법원을 기망하여 소송 상대방의 재물 또는 재산상 이익을 취득하려 하였다면 간접정범의 형태에 의한 소송사기죄가 성립한다.
② 사기죄는 타인을 기망하여 그로 인한 하자 있는 의사에 기하여 재물의 교부를 받거나 재산상의 이익을 취득함으로써 성립하는 범죄로서 그 본질은 기망에 의한 재물이나 재산상 이익의 취득에 있는 것이나, 상대방에게 현실적으로 재산상 손해가 발생하여야 한다.
③ 타인의 명의를 모용하여 발급받은 신용카드의 번호와 그 비밀번호를 이용하여 ARS 전화서비스나 인터넷 등을 통하여 신용대출을 받는 방법으로 재산상 이익을 취득하는 행위는 카드회사에 의해 미리 포괄적으로 허용된 행위가 아닌 이상, 컴퓨터 등 정보처리장치에 권한 없이 정보를 입력하여 정보처리를 하게 함으로써 재산상 이익을 취득하는 행위로서 컴퓨터 등 사용사기죄에 해당한다.
④ 특정 질병을 앓고 있는 사람이 보험회사가 정한 약관에 그 질병에 대한 고지의무를 규정하고 있음을 알면서도 이를 고지하지 아니한 채 그 사실을 모르는 보험회사와 그 질병을 담보하는 보험계약을 체결한 다음 바로 그 질병의 발병을 사유로 하여 보험금을 청구한 경우, 특별한 사정이 없는 한 사기죄에 있어서의 기망행위 내지 편취의 고의를 인정할 수 있다.

14

횡령의 죄에 관한 설명으로 옳지 않은 것은? (다툼이 있는 경우 판례에 의함)

① 동업재산은 동업자의 합유에 속하는 것이므로 동업관계가 존속하는 한 동업자의 한 사람이 동업재산을 보관 중 임의로 횡령한 경우에는 지분비율에 따라 임의로 횡령한 금액 중 자신의 지분비율을 초과한 부분에 대하여 횡령죄의 죄책을 부담한다.

② 사기범행의 공범이 아닌 계좌명의인이 개설한 예금계좌가 전기통신금융사기 범행에 이용되어 그 계좌에 피해자가 사기피해금을 송금·이체한 경우에는 계좌명의인은 피해자를 위하여 사기피해금을 보관하는 지위에 있다고 보아야 하므로, 계좌명의인이 그 돈을 영득할 의사로 인출하면 피해자에 대한 횡령죄가 성립한다.

③ 사기범행에 이용되리라는 사정을 알고서도 자신 명의 계좌의 접근매체를 양도함으로써 사기범행을 방조한 종범이 사기이용계좌로 송금된 피해자의 돈을 임의로 인출한 경우 사기의 피해자에 대하여 별도의 횡령죄를 구성하지 않는다.

④ 금전의 수수를 수반하는 사무처리를 위임받은 사람이 그 행위에 기하여 위임자를 위하여 제3자로부터 수령한 금전은, 위임을 받은 사람이 위 금전을 그 위임의 취지대로 사용하지 아니하고 마음대로 자신의 위임자에 대한 채권에 상계충당하는 것은 상계정산하기로 하였다는 특별한 약정이 없는 한 당초 위임한 취지에 반하므로 횡령죄를 구성한다.

15

배임죄에 관한 설명으로 옳지 않은 것은? (다툼이 있는 경우 판례에 의함)

① 대표이사 甲이 대표권을 남용하여 자신의 개인채무에 대하여 회사 명의의 차용증을 작성하여 주었고, 그 상대방이 이와 같은 진의를 알았거나알 수 있었던 경우일지라도 무효인 차용증을 작성하여 준 것만으로는 업무상배임죄가 성립하지 않는다.

② 부동산 소유자 甲이 A에게 전세권설정계약을 맺고 전세금의 중도금을 지급받은 후 해당 부동산에 임의로 제3자에게 근저당권설정등기를 경료해 주어 담보능력 상실의 위험이 발생한 경우, 배임죄가 성립한다.

③ 회사직원인 甲이 업무상 임무에 위배하여 부당한 외상 거래행위를 함으로써 업무상배임죄가 성립하는 경우, 재산상 권리의 실행이 불가능하게 될 염려가 있거나 손해발생의 위험이 있는 외상 거래 대금 전액을 그 손해액으로 보아야 한다.

④ 甲이 알 수 없는 경위로 A의 특정 거래소 가상지갑에 들어 있던 비트코인을 자신의 계정으로 이체받은 후 이를 자신의 다른 계정으로 이체하여 재산상 이익을 취득하고 A에게 손해를 가한 경우, 배임죄가 성립한다.

16

방화와 실화의 죄에 관한 설명으로 옳지 않은 것은? (다툼이 있는 경우 판례에 의함)

① 甲이 친구 A를 살해할 목적으로 A가 타고 있는 자동차를 불태워 살해한 경우, 일반물건방화죄와 살인죄의 상상적 경합으로 처벌된다.

② 피고인이 노상에서 전봇대 주변에 놓인 재활용품과 쓰레기 등 무주물에 불을 붙이고 가연물을 집어 넣어 그 화염을 키웠고 이로 인하여 전선 등 주변의 가연물이 손상되고 바람에 의하여 다른 곳으로 옮아붙을 수 있는 공공의 위험을 발생하게 하였다면, 형법 제167조 제2항의 자기소유 일반물건방화죄가 성립한다.

③ 실화죄에 있어서 공동의 과실이 경합되어 화재가 발생한 경우 적어도 각 과실이 화재의 발생에 대하여 하나의 조건이 된 이상은 그 공동적 원인을 제공한 사람들은 각자 실화죄의 책임을 면할 수 없다.

④ 피고인이 방화의 의사로 뿌린 휘발유가 인화성이 강한 상태로 사람이 현존하는 주택 주변과 피해자의 몸에 적지 않게 살포되어 있는 사정을 알면서도 라이터를 켜 불꽃을 일으킴으로써 피해자의 몸에 불이 붙은 경우, 비록 외부적 사정에 의하여 불이 방화 목적물인 주택 자체에 옮겨 붙지는 아니하였다 하더라도 현존건조물방화죄의 실행의 착수가 있었다고 보아야 한다.

17

문서의 죄에 관한 설명으로 옳은 것은? (다툼이 있는 경우 판례에 의함)

① 부동산 거래당사자가 거래가액을 시장 등에게 거짓으로 신고하여 받은 신고필증을 기초로 하여 사실과 다른 내용의 거래가액이 부동산등기부에 등재되도록 한 경우, 공전자기록등부실기재죄 및 부실기재공전자기록등행사죄가 성립한다.

② 공정증서원본에 기재된 사항이 객관적으로 존재하는 사실이고 이에 취소사유에 해당되는 하자가 있는 경우 취소되기 전후를 불문하고 그 사실의 내용이 공정증서원본에 기재된 이상 그 기재는 공정증서원본의 부실기재에 해당한다.

③ 인감증명서 발급 신청자 본인이 직접 출두한 바가 없음에도 불구하고 발급업무를 담당하는 공무원이 본인이 직접 신청하여 발급받은 것처럼 인감증명서에 기재하였다면 공문서위조죄가 성립한다.

④ 공무원인 의사가 공무소의 명의로 허위진단서를 작성한 경우에는 허위공문서작성죄만이 성립하고 허위진단서작성죄는 별도로 성립하지 않는다.

18

공무원의 직무상 범죄에 관한 설명으로 옳지 않은 것은? (다툼이 있는 경우 판례에 의함)

① 직무유기죄에 있어서 그 직무를 유기한 때라 함은 직장의 무단이탈, 직무의 의식적인 포기 등과 같이 그것이 국가의 기능을 저해하며 국민에게 피해를 야기시킬 가능성이 있는 경우를 말하는 것이므로 병가 중인 자는 직무유기죄의 주체가 될 수 없다.

② 형법 제123조의 직권남용죄에 있어서 직권남용 행위의 상대방이 일반 사인인 경우에는 그가 권리에 대응하여 어떠한 일을 한 것이 의무 없는 일인지 여부는 관계 법령 등의 내용에 따라 개별적으로 판단하여야 한다.

③ 형법 제126조의 피의사실공표죄는 검찰, 경찰 그 밖에 범죄수사에 관한 직무를 수행하는 자 또는 이를 감독하거나 보조하는 자가 그 직무를 수행하면서 알게 된 피의사실을 공소제기 전에 공표한 경우에 성립한다.

④ 인신구속에 관한 직무를 행하는 자 또는 이를 보조하는 자가 피해자를 구속하기 위하여 진술조서 등을 허위로 작성한 후 이를 기록에 첨부하여 구속영장을 신청하고, 진술조서 등이 허위로 작성된 정을 모르는 검사와 영장전담판사를 기망하여 구속영장을 발부받은 후 그 영장에 의하여 피해자를 구금하였다면 형법 제124조 제1항의 직권남용감금죄가 성립한다.

19

다음 중 가장 옳은 것은? (다툼이 있는 경우 판례에 의함)

① 피의자나 참고인이 아닌 자가 자발적이고 계획적으로 피의자를 가장하여 수사기관에 대하여 허위사실을 진술한 경우 위계에 의한 공무집행방해죄가 성립한다.

② 마약범죄 피의자가 타인의 소변을 마치 자신의 소변인 것처럼 수사기관에 건네주어 필로폰 음성반응이 나오게 한 경우, 위계에 의한 공무집행방해죄는 성립하지 않는다.

③ 과속단속카메라에 촬영되더라도 불빛을 반사시켜차량번호판이 식별되지 않도록 하는 기능이 있는 제품을 차량 번호판에 뿌린 상태로 차량을 운행한 경우, 이는 공무원의 감시·단속 업무를 적극적으로 방해한 것으로 위계에 의한 공무집행방해죄가 성립한다.

④ 불법체류를 이유로 강제출국 당한 중국 동포인 피고인이 중국에서 이름과 생년월일을 변경한 호구부를 발급받아 중국 주재 대한민국 총영사관에 제출하여 입국사증을 받은 다음, 다시 입국하여 외국인등록증을 발급받고 귀화허가신청서까지 제출한 경우, 출원인의 적극적인 위계에 의해 사증 및 외국인등록증이 발급되었던 것이므로 위계에 의한 공무집행방해죄가 성립하고 귀화허가가 이루어지지 아니하였더라도 위 죄의 성립에 아무런 영향이 없다.

20

국가의 사법기능을 보호하기 위한 범죄에 관한 설명 중 옳지 않은 것은? (다툼이 있는 경우 판례에 의함)

① 변호인 甲이 A의 감형을 받기 위해서 A의 은행 계좌에서 B회사 명의의 은행 계좌로 금원을 송금하고 다시 되돌려 받는 행위를 반복한 후 그중 송금자료만을 발급받아서 이를 2억 원을 변제하였다는 허위 주장과 함께 법원에 제출한 경우, 甲에게는 증거위조죄가 성립하지 않는다.

② 타인으로 하여금 형사처분을 받게 할 목적으로 공무소에 대하여 허위의 사실을 신고하였다고 하더라도, 그 사실이 친고죄로서 그에 대한 고소기간이 경과하여 공소를 제기할 수 없음이 그 신고내용 자체에 의하여 분명한 때에는 무고죄가 성립하지 아니한다.

③ 허위로 신고한 사실이 무고행위 당시 형사처분의 대상이 될 수 있었던 경우에는 무고죄가 성립하고, 이후 그러한 사실이 형사범죄가 되지 않는 것으로 판례가 변경되었더라도 특별한 사정이 없는 한 이미 성립한 무고죄에는 영향을 미치지 않는다.

④ 甲이 A사건의 제9회 공판기일에 증인으로 출석하여 한 허위 진술이 철회·시정된 바 없이 증인신문절차가 그대로 종료되었다가, 그 후 甲이 제21회 공판기일에 다시 출석하여 종전 선서의 효력이 유지됨을 고지받고 증언하면서 종전 기일에 한 진술이 허위 진술임을 시인하고 이를 철회하는 취지의 진술을 하였다면, 甲에게는 위증죄가 성립하지 않는다.

제 5 회 동형모의고사

제한시간: /20분
점수: /100점

01
고의와 과실에 관한 설명으로 옳지 않은 것은? (다툼이 있는 경우 판례에 의함)

① 절도죄에서 타인의 물건을 자기에게 취득할 것이 허용된 동일한 물건으로 오인하고 가져온 경우에는 범죄사실에 대한 인식이 있다고 할 수 없으므로 범죄가 성립하지 않는다.
② 미필적 고의가 있었다고 하려면 결과 발생의 가능성에 대한 인식이 있음은 물론 나아가 결과 발생을 용인하는 내심의 의사가 있음을 요한다.
③ 주의의무 위반 여부를 판단함에는 행위자 본인의 주의능력을 표준으로 하여 주의의무위반을 결정해야 한다.
④ 허용된 위험이론과 신뢰의 원칙은 과실범에 있어서 주의의무의 범위를 한정하는 원리로 작동하고 있다.

02
인과관계에 대한 〈보기〉의 설명 중 옳은 것은 모두 몇 개인가? (다툼이 있는 경우 판례에 의함)

〈보기〉
ㄱ. 부작위범에 있어서 작위의무를 이행하였다면 결과가 발생하지 않았을 것이라는 관계가 인정될 경우 부작위와 그 결과 사이에 인과관계가 있다.
ㄴ. 행위가 결과를 발생하게 한 유일하거나 직접적인 원인이 된 경우만이 아니라, 그 행위와 결과사이에 피해자나 제3자의 과실 등 다른 사실이 개재된 때에도 그와 같은 사실이 통상 예견될 수 있는 것이라면 상당인과관계를 인정할 수 있다.
ㄷ. 피고인이 자동차를 운전하다 횡단보도를 걷던 보행자 甲을 들이받아 그 충격으로 횡단보도 밖에서 甲과 동행하던 피해자 乙이 밀려 넘어져 상해를 입은 경우 피고인의 운전과 乙의 상해 사이에는 인과관계가 부정된다.
ㄹ. 의사 甲의 수술 후 복막염에 대한 진단과 처치지연 등의 과실로 乙이 제때 필요한 조치를 받지 못하였다면 乙의 사망과 甲의 과실 사이에는 일반적으로 인과관계가 인정되나, 乙이 甲의 지시를 일부 따르지 않거나 퇴원한 적이 있는 경우에는 인과관계가 단절된다.

① 1개 ② 2개
③ 3개 ④ 4개

03
다음 사례에 관한 설명으로 옳은 것은?

> 甲은 헤어진 내연남 A가 계속하여 집에 찾아와 다시 만나 줄 것을 간청하자, A와 집 앞에서 실랑이를 하는 중에 A를 혼내줄 생각으로 옆집에 사는 乙이 집 앞으로 지나가는 것을 보고 "성폭행범이다. 살려주세요"라고 소리를 쳤다. 甲이 의도한대로 乙은 甲을 구하기 위해 A를 밀어 넘어뜨려 A에게 전치 2주의 상해를 입혔다.

① 유추적용설에 의하면 乙의 착오에 정당한 이유가 존재하지 않는다면 乙의 행위는 상해죄가 성립한다.
② 엄격책임설에 의하면 乙의 행위는 과실 유무에 따라 과실치상죄가 성립될 수 있다.
③ 법효과제한적 책임설에 의할 때 乙의 상해행위는 구성요건적 고의는 인정되지만 책임고의가 조각되므로 상해죄가 성립하지 않는다.
④ 엄격책임설과 법효과제한적 책임설에 의하면 甲에게 상해죄의 교사범이 성립될 여지는 없다.

04

정당행위에 관한 설명으로 옳지 않은 것은? (다툼이 있는 경우 판례에 의함)

① 행위의 긴급성과 보충성은 수단의 상당성을 판단할 때 고려요소의 하나로 참작하여야 하며, 다른 실효성 있는 적법한 수단이 없는 경우를 의미하는 것이지 일체의 법률적인 적법한 수단이 존재하지 않을 것을 의미하는 것은 아니라고 보아야 한다.
② 구 군인사법에 따른 얼차려의 결정권자가 아닌 상사 계급의 甲이 경계근무 태만이나 청소 불량 등을 이유로 부대원들에게 속칭 원산폭격을 시키거나 양손을 깍지 낀 상태에서 팔굽혀펴기를 50~60회 정도 하게 하는 등 얼차려 지침상 허용되지 않는 얼차려를 지시하는 행위는 정당행위로 볼 수 없다.
③ CCTV 설치·운영에 근로자들의 동의 절차나 노사협의 협의를 거치지 않았다는 이유로 노동조합원 甲 등이 회사에서 설치하여 작동 중인 CCTV 카메라 51대 중 근로자들의 작업모습이 찍히는 12대를 골라 검정색 비닐봉지를 씌워 임시적으로 촬영을 방해한 경우 정당행위의 성립요건 중 수단과 방법의 상당성을 인정할 수 없다.
④ 아파트 입주자대표회의 회장이자 회의 소집권자인 甲이 자신이 소집하지 않은 입주자대표회의 소집공고문을 공휴일 야간에 발견하였고 공고문에서 정한 입주자대표회의 개최일이 다음 날이어서 시기적으로 다른 적절한 방법을 찾기 어려웠다면 위 공고문을 뜯어내 제거한 행위는 정당행위에 해당한다고 볼 수 있다.

05

예비·음모와 미수에 관한 설명 중 옳은 것을 모두 고른 것은? (다툼이 있는 경우 판례에 의함)

ㄱ. 甲이 乙의 강도예비죄의 범행에 방조의 형태로 가담한 경우 甲을 강도예비죄의 방조범으로 처벌할 수 없다.
ㄴ. 형법상 음모죄의 성립을 위한 범죄실행의 합의가 있다고 하기 위하여는 단순히 범죄결심을 외부에 표시·전달하는 것만으로는 부족하고, 객관적으로 보아 특정한 범죄의 실행을 위한 준비행위라는 것이 명백히 인식되고, 그 합의에 실질적인 위험성이 인정되어야 한다.
ㄷ. 중지미수의 경우에는 법정형의 상한과 하한 모두를 2분의 1로 감경하는 반면, 장애미수의 경우에는 법익 침해의 위험 발생 정도에 따라 법정형에 대한 감경을 하지 않거나 법정형의 하한만 2분의 1로 감경할 수 있다.
ㄹ. 실행의 착수가 있기 전인 예비나 음모의 행위를 처벌하는 경우 중지미수범의 관념을 인정할 수 없으므로, 예비단계에서 범행을 중지하더라도 중지미수범의 규정이 적용될 수 없다.
ㅁ. 甲이 피해자가 심신상실 또는 항거불능의 상태에 있다고 인식하고 그러한 상태를 이용하여 간음할 의사로 피해자를 간음하였으나 실행의 착수 당시부터 피해자가 실제로는 심신상실 또는 항거불능의 상태에 있지 않은 경우 甲이 행위 당시에 인식한 사정을 놓고 일반인이 객관적으로 판단하여 보았을 때 준강간의 결과가 발생할 위험성이 있었다면 준강간죄의 불능미수가 성립한다.

① ㄱ, ㄴ, ㄷ
② ㄱ, ㄴ, ㄹ
③ ㄷ, ㄹ, ㅁ
④ ㄱ, ㄴ, ㄹ, ㅁ

06

공동정범에 관한 설명으로 옳지 않은 것은? (다툼이 있는 경우 판례에 의함)

① 공모공동정범에 있어서 공모자들이 그 공모한 범행을 수행하는 도중에 부수적인 다른 범죄가 파생되리라고 충분히 예상할 수 있는데도 그러한 가능성을 외면한 채 이를 방지하기에 족한 합리적인 조치를 취하지 아니하고 공모한 범행에 나아갔다가 결국 예상되던 범행들이 발생하였다면 당초의 공모자들 사이에 그 범행 전부에 대하여 공모는 물론 기능적 행위지배가 존재한다.

② 공동가공의 의사는 타인의 범행을 인식하면서도 이를 제지하지 아니하고 용인하는 것만으로도 충분하고, 반드시 공동의 의사로 특정한 범죄행위를 하기 위해 일체가 되어 서로 다른 사람의 행위를 이용하여 자기 의사를 실행에 옮기는 것을 내용으로 할 필요는 없다.

③ 범인도피죄에 있어서 공범자의 범인도피행위 도중에 그 범행을 인식하면서 그와 공동의 범의를 가지고 기왕의 범인도피상태를 이용하여 스스로 범인도피행위를 계속한 경우에는 범인도피죄의 공동정범이 성립한다.

④ 회사직원이 영업비밀을 경쟁업체에 유출하거나 스스로의 이익을 위하여 이용할 목적으로 무단으로 반출한 후에 위 직원과 접촉하여 영업비밀을 취득하려고 한 자는 업무상배임죄의 공동정범이 될 수 없다.

07

형벌론에 관한 설명으로 옳지 않은 것은? (다툼이 있는 경우 판례에 의함)

① 과료는 판결확정일로부터 30일 내에 납입하여야 하며, 과료를 납입하지 아니한 자는 1일 이상 30일 미만의 기간 노역장에 유치하여 작업에 복무하게 한다.

② 행위자에게 유죄의 재판을 아니할 때에도 몰수의 요건이 있는 때에는 몰수만을 선고할 수 있지만, 우리 법제상 공소의 제기없이 별도로 몰수만을 선고할 수 있는 제도는 마련되어 있지 않다.

③ 마약류 관리에 관한 법률 제67조에 의한 몰수나 추징은 범죄행위로 인한 이득의 박탈을 목적으로 하는 것이므로, 그 범행으로 인하여 이득을 취득한 바 없다면 법원은 그 가액의 추징을 명할 수 없다.

④ 甲이 수사기관에 자진 출석하여 처음 조사를 받으면서는 돈을 차용하였을 뿐이라며 범죄사실을 부인하다가 제2회 조사를 받으면서 비로소 업무와 관련하여 돈을 수수하였다고 자백한 행위에 대하여 자수감경을 할 수 없다.

08

죄형법정주의에 관한 설명으로 옳지 않은 것은? (다툼이 있는 경우 판례에 의함)

① 형법 제62조의2 제1항에 따라 형의 집행유예 시 부과할 수 있는 보호관찰은 형벌이 아니라 보안처분의 성격을 갖는 것으로서 재판 시의 규정에 의하여 보호관찰을 받을 것을 명할 수 있다고 해석하는 것은 형벌불소급의 원칙에 반하지 않는다.

② 도로교통법 제43조(무면허운전 등의 금지)를 위반하여 운전면허를 받지 아니하고 자동차를 운전하는 행위를 대상으로 하는 교통사고처리 특례법 제3조 제2항 단서 제7호를 운전면허취소사실을 알지 못하고 자동차를 운전하는 경우도 포함하는 것으로 해석하는 것은 유추해석금지의 원칙에 반하지 않는다.

③ 가정폭력범죄의 처벌 등에 관한 특례법이 정한 보호처분 중 하나인 사회봉사명령은 보안처분의 성격을 가지나, 이는 가정폭력범죄행위에 대하여 형사처벌 대신 부과되는 것으로서 원칙적으로 형벌불소급의 원칙에 따라 행위시법을 적용함이 상당하다.

④ 군형법 제64조 제3항 상관명예훼손죄에 대해 형법 제310조(위법성의 조각)와 같은 규정을 별도로 두지 않았다고 하더라도 법규범의 체계, 입법 의도와 목적 등에 비추어 정당하다고 평가되는 한도 내에서 그와 유사한 사안에 관한 법규범을 적용할 수 있다고 할 것이므로 형법 제310조는 군형법 제64조 제3항의 행위에 대해 유추적용된다고 보아야 한다.

09

형법의 장소적 적용범위에 관한 설명 중 옳은 것을 모두 고른 것은? (다툼이 있는 경우 판례에 의함)

ㄱ. 영국인이 미국 영해에서 운항 중인 대한민국 국적의 선박에서 미국인을 살해한 경우에는 우리나라 형법이 적용된다.
ㄴ. 일본인이 행사할 목적으로 중국에서 미화 100달러 지폐를 위조한 경우에는 우리나라 형법이 적용된다.
ㄷ. 우리나라 형법상 약취·유인 및 인신매매의 죄는 그 예비·음모를 제외하고 우리나라 영역 밖에서 죄를 범한 외국인에게도 적용된다.
ㄹ. 중국인이 우리나라로 입국하기 위하여 중국에 소재한 우리나라 영사관에서 그곳에 비치된 여권발급신청서를 위조한 경우 보호주의에 의하여 우리나라 형법이 적용된다.
ㅁ. 범죄에 의하여 외국에서 형의 전부 또는 일부의 집행을 받은 자에 대하여는 그 형을 감경 또는 면제할 수 있다.

① ㄱ, ㄴ, ㄷ
② ㄱ, ㄴ, ㄹ
③ ㄱ, ㄷ, ㅁ
④ ㄴ, ㄹ, ㅁ

10

양벌규정에 관한 설명으로 옳은 것만을 모두 고른 것은? (다툼이 있는 경우 판례에 의함)

ㄱ. 형벌의 자기책임원칙에 비추어 보면 위반행위가 발생한 그 업무와 관련하여 법인이 상당한 주의 또는 관리감독 의무를 게을리한 때에 한하여 양벌조항이 적용된다.
ㄴ. 양벌규정에 의한 영업주의 처벌은 금지위반행위자인 종업원의 처벌에 종속하는 것이 아니라 독립하여 그 자신의 종업원에 대한 선임감독상의 과실로 인하여 처벌되는 것이므로 종업원의 범죄성립이나 처벌이 영업주 처벌의 전제조건이 될 필요는 없다.
ㄷ. 양벌규정에 의한 법인의 처벌은 형벌의 일종으로, 합병으로 인하여 소멸한 법인이 그 종업원 등의 위법행위에 대해 양벌규정에 따라 부담하던 형사책임은 합병으로 인하여 존속하는 법인에 승계된다.
ㄹ. 지입차주가 고용한 운전자가 과적운행으로 구 도로법을 위반한 경우, 지입차량의 소유자이자 대외적인 경영 주체는 지입회사라 하더라도 지입차주가 지입차량의 운전자를 직접 고용하여 지휘·감독을 한 이상 지입차주가 구 도로법상 사용자로서의 형사책임을 부담한다.

① ㄱ, ㄴ
② ㄱ, ㄷ
③ ㄱ, ㄴ, ㄹ
④ ㄴ, ㄷ, ㄹ

11

상해와 폭행의 죄에 관한 설명으로 옳지 않은 것만을 모두 고른 것은? (다툼이 있는 경우 판례에 의함)

ㄱ. 甲이 A의 뺨을 1회 때리고 오른손으로 목을 쳐서 A로 하여금 그대로 뒤로 넘어지면서 머리를 땅바닥에 부딪치게 하여 A에게 두부손상을 가하고 그로 인해 A가 병원에서 입원치료를 받다가 합병증으로 사망한 경우, 그러한 甲의 범행으로 인하여 두부손상이 발생하였고 이를 치료하는 과정에서 직접사인이 된 합병증이 유발되었다 하더라도, 합병증의 유발에 A의 기왕의 간경화 등 질환이 영향을 미쳤다면, 甲의 범행과 A의 사망 사이에 인과관계를 인정할 수 없고, 사망의 결과에 대한 예견가능성도 부정된다.
ㄴ. 甲이 직계존속인 A를 2회 폭행하고, 4회 상해를 가한 것이 존속에 대한 동일한 폭력습벽의 발현에 의한 것으로 인정되는 경우, 그중 법정형이 더 중한 상습존속상해죄에 나머지 행위들을 포괄시켜 하나의 죄만이 성립한다.
ㄷ. 甲이 A를 협박하여 A로 하여금 자상케 한 경우, 甲에게 상해의 결과에 대한 인식이 있고 그 협박의 정도가 A의 의사결정의 자유를 상실케 함에 족한 것인 이상 甲에 대하여 상해죄를 구성한다.
ㄹ. 甲이 A의 신체에 공간적으로 근접하여 고성으로 폭언이나 욕설을 하거나 동시에 손발이나 물건을 휘두르거나 던지는 행위는 직접 피해자의 신체에 접촉하지 않았다 하더라도 이는 A에 대한 불법한 유형력의 행사로서 폭행에 해당될 수 있다.

① ㄱ
② ㄱ, ㄴ
③ ㄱ, ㄴ, ㄷ
④ ㄴ, ㄷ, ㄹ

12

협박죄의 성립에 관한 설명으로 옳지 않은 것은? (다툼이 있는 경우 판례의 의함)

① 객관적으로 상대방이 공포심을 일으키기에 충분한 정도의 해악의 고지에 해당하면 현실적으로 피해자가 공포심을 일으키지 않았더라도 협박죄는 기수가 성립할 수 있다.

② 해악의 고지가 현실적으로 상대방에게 도달하지 않은 경우나 해악의 고지가 상대방에 도달했으나 상대방이 전혀 지각하지 못한 경우 또는 고지된 해악의 의미를 상대방이 인식하지 못한 경우에도 협박죄의 미수가 된다.

③ 협박죄에서의 협박은 공포심을 일으킬 정도의 해악을 고지한다는 것을 인식, 인용하면 족하고, 고지한 해악을 실제로 실현할 의도나 욕구까지 필요로 하는 것은 아니다.

④ 자연인은 물론 법인도 협박죄의 객체가 될 수 있다.

13

약취 · 유인의 죄에 관한 설명으로 옳지 않은 것은?

① 미성년자 약취행위는 폭행 또는 협박을 수단으로 하여 미성년자를 그 의사에 반하여 자유로운 생활관계 또는 보호관계로부터 이탈시켜 범인이나 제3자의 사실상 지배하에 옮기는 행위로 장소적 이전을 전제로 한다.

② 간음 목적 약취행위에서 폭행 또는 협박을 수단으로 사용하는 경우에, 그 폭행 또는 협박의 정도는 상대방을 실력적 지배하에 둘 수 있을 정도면 족하고 반드시 상대방의 반항을 억압할 정도의 것임을 요하지 않는다.

③ 미성년자유인죄는 피해자가 미성년자임을 알면서 유인행위에 대한 인식이 있으면 족하고 유인하는 행위가 피해자의 의사에 반하는 것까지 인식할 필요는 없으며, 또 피해자가 하자있는 의사로 자유롭게 승낙하였다 하더라도 본죄의 성립에 영향이 없다.

④ 부모의 일방이 상대방 부모나 그 자녀에게 어떠한 폭행 · 협박이나 불법적인 사실상의 힘을 행사함이 없이 그 자녀를 데리고 종전의 장소를 벗어나 다른 곳으로 옮겨 보호 · 양육을 계속하였고 보호 · 양육권의 남용에 해당하는 특별한 사정이 없다면, 비록 법원의 결정이나 상대방 부모의 동의를 얻지 아니하였다고 하더라도 바로 형법상 미성년자에 대한 약취죄가 성립하지는 않는다.

14

명예에 관한 죄에 관한 설명으로 옳지 않은 것은? (다툼이 있는 경우 판례에 의함)

① 甲이 양육비 지급 판결을 받는 등 양육비 지급의무가 있음에도 이를 지급하지 않고 있는 A, B, C에 대한 제보를 받아 그들의 이름, 얼굴 사진, 거주지, 직장명 등 신상정보를 특정 인터넷 사이트에 공개하는 글을 게시한 경우, 이는 양육비 미지급으로 인한 사회적 문제를 공론화하기 위한 목적이 있었더라도 신상정보의 공개는 이러한 공익적 목적과 직접적인 관련성이 있다고 보기 어려운 점 등을 고려하면 甲에게는 A, B, C를 '비방할 목적'이 인정된다.

② 甲이 A의 집 뒷길에서 자신의 남편 B 및 A의 친척인 C가 듣는 가운데 A에게 '저것이 징역 살다온 전과자다' 등으로 큰 소리로 말한 경우, A와 C 사이의 촌수나 구체적 친밀관계가 밝혀진 바도 없으나 단지 A와 C가 친척관계에 있다는 이유만으로도 전파가능성이 부정되므로 명예훼손죄가 성립될 여지가 없다.

③ 甲이 산후조리원을 이용한 후, 9회에 걸쳐 임신, 육아 등에 관한 인터넷 카페나 자신의 블로그 등에 자신이 직접 겪은 불편사항 등을 후기 형태로 게시한 경우, 이는 실제 이용하면서 느낀 주관적 평가이고 다소 과장되기는 했지만 대체로 객관적 사실에 부합되는 점 등 제반 사정에 비추어 볼 때 산후조리원 정보를 구하는 다른 임산부의 의사결정에 도움을 주는 정보 제공 등 공공의 이익에 관한 것이라고 봄이 타당하고, '비방할 목적'이 있었다고 보기 어렵다.

④ 적시된 사실이 허위의 사실이라고 하더라도 행위자에게 허위성에 대한 인식이 없는 경우에는 형법 제307조 제1항의 명예훼손죄가 성립될 수 있다.

15

재산죄에 관한 설명으로 옳은 것은? (다툼이 있는 경우 판례에 의함)

① 형법 제333조 후단의 강도죄(이른바 강제이득죄)의 요건인 재산상의 이익이란 재물을 포함한 모든 재산상의 이익을 말하는 것으로서 적극적 이익(적극적인 재산의 증가)이든 소극적 이익(소극적인 부채의 감소)이든 묻지 않는다.

② 甲이 상대방으로부터 금품이나 재산상 이익을 받을 것을 약속하고 성행위를 하는 경우 그 행위의 대가는 사기죄의 객체인 경제적 이익에 해당하지 않는다.

③ 甲이 피해자를 폭행·협박하여 매출전표에 허위 서명하게 하고 이를 교부받아 소지한 경우 甲이 신용카드회사에 매출전표를 제출하여도 신용카드회사가 신용카드 가맹점 규약 또는 약관의 규정을 들어 그 금액의 지급을 거절할 수 있으므로 甲은 '재산상 이익'을 취득하였다고 볼 수 없다.

④ 사기로 편취한 재물 또는 재산상의 이익의 가액을 구체적으로 산정할 수 없는 경우에는 편취한 재물 또는 재산상 이익의 가액이 5억 원 이상 또는 50억 원 이상인 것이 범죄구성요건의 일부로 되어 있고 그 가액에 따라 그 죄에 대한 형벌도 가중하는 특정경제범죄 가중처벌 등에 관한 법률위반(사기)죄로 처벌할 수 없다.

16

횡령과 배임의 죄에 관한 설명 중 옳지 않은 것은? (다툼이 있는 경우 판례에 의함)

① 병원에서 의약품의 선정, 구매 업무를 담당하는 약국장이 병원을 대신하여 제약회사들로부터 의약품을 공급받는 대가로 그 의약품 매출액에 비례하여 기부금 명목의 금원을 제공받고서 병원을 위하여 보관하던 중에 이를 병원에 반환하지 않고 임의소비한 경우, 업무상횡령죄가 성립한다.

② 부동산을 공동으로 상속한 자들 중 1인이 부동산을 혼자 점유하다가 다른 공동상속인의 상속지분을 임의로 처분한 경우, 횡령죄가 성립한다.

③ 횡령죄가 성립하기 위해서는 우선 타인의 재물을 보관하는 자의 지위에 있어야 하고, 부동산에 대한 보관자의 지위는 부동산을 제3자에게 유효하게 처분할 수 있는 권능의 유무를 기준으로 결정해야 한다.

④ 회사의 이사 등이 보관 중인 회사의 자금으로 뇌물을 공여하였다면 이는 오로지 회사의 이익을 도모할 목적이라기보다는 뇌물공여 상대방의 이익을 도모할 목적이나 기타 다른 목적으로 행하여진 것으로 봄이 상당하므로 그 이사 등은 회사에 대하여 업무상횡령죄의 죄책을 면하지 못한다.

17

문서에 관한 죄에 관한 설명으로 옳지 않은 것은? (다툼이 있는 경우 판례에 의함)

① 변호사 甲이 대량의 저작권법위반 형사고소 사건을 수임하여 피고소인 30명을 각각 형사고소하기 위하여 20건 또는 10건의 고소장을 개별적으로 수사관서에 제출하면서 하나의 고소위임장에만 소속 변호사회에서 발급받은 진정한 경유증표 원본을 첨부한 후 이를 일체로 하여 컬러복사기로 20장 또는 10장의 고소위임장을 각 복사한 다음 고소위임장과 일체로 복사한 경유증표를 고소장에 첨부하여 접수한 경우에는 사문서위조 및 동행사죄가 성립한다.

② 자동차를 임차하면서 타인의 운전면허증을 자신의 것인 양 자동차 대여업체 직원에게 제시한 경우 공문서부정행사죄가 성립한다.

③ 문서의 형식, 내용 등 문서 자체에 의하여 누가 작성하였는지를 추지할 수 있다 하여도 문서의 작성명의인이 명시되어 있지 않다면 이는 허위공문서작성죄의 객체가 되는 문서로 볼 수 없다.

④ 사립학교 법인 이사가 이사회 회의록에 서명 대신 서명거부사유를 기재하고 그에 대한 서명을 한 경우, 이사회 회의록의 작성권한자인 이사장이라 하더라도 임의로 이를 삭제하면 특별한 사정이 없는 한 사문서변조에 해당한다.

18

뇌물죄에 관한 설명으로 옳지 않은 것은? (다툼이 있는 경우 판례에 의함)

① 공무원이 아닌 사람('비공무원')과 공무원이 공모하여 금품을 수수한 경우에 각 수수자가 수수한 금품별로 직무 관련성 유무가 다르더라도, 각 금품마다 직무와의 관련성을 따질 것이 아니라 그 수수한 금품 전부가 불가분적으로 직무행위에 대한 대가로서의 성질을 가지므로 형법 제129조 제1항에서 정한 뇌물수수죄의 공동정범이 성립한다.

② 비공무원이 공무원과 공동가공의 의사와 이를 기초로 한 기능적행위지배를 통하여 공무원의 직무에 관하여 뇌물을 수수하는 범죄를 실행하였다면 공무원이 직접 뇌물을 받은 것과 동일하게 평가할 수 있으므로 공무원과 비공무원에게 형법 제129조 제1항에서 정한 뇌물수수죄의 공동정범이 성립한다.

③ 공무원인 수뢰자가 먼저 뇌물을 요구하여 증뢰자가 제공하는 돈을 받았다면, 그 액수가 수뢰자의 예상보다 너무 많아서 후에 이를 반환하였다고 하더라도 형법 제129조 제1항에서 정한 뇌물수수죄의 성립에는 영향이 없다.

④ 금품이나 이익 전부에 관하여 형법 제129조 제1항에서 정한 뇌물수수죄의 공동정범이 성립한 이후에 뇌물이 실제로 공동정범인 공무원 또는 비공무원 중 누구에게 귀속되었는지는 이미 성립한 뇌물수수죄에 영향을 미치지 않는다.

19

직권남용죄에 관한 설명으로 옳지 않은 것은? (다툼이 있는 경우 판례에 의함)

① 직권의 '남용'에 해당하는지는 구체적인 직무행위의 목적, 그 행위가 당시의 상황에서 필요성이나 상당성이 있는 것이었는지 여부, 직권 행사가 허용되는 법령상의 요건을 충족했는지 등의 여러 요소를 고려하여 결정하여야 한다.
② 어떠한 직무가 공무원의 일반적 직무권한에 속하는 사항이라고 하기 위해서는 그에 관한 법령상 근거가 필요하고, 이러한 법령상 근거는 명문에 구체적으로 기술되어 있어야 한다.
③ 공무원이었던 자가 퇴임 후에도 실질적 영향력을 행사하는 등으로 퇴임 전 공모한 범행에 관한 기능적 행위지배가 계속되었다고 인정할 만한 특별한 사정이 있으면 퇴임 후의 범행에 관하여 공범으로서 책임을 질 수 있다.
④ 공무원 甲이 자신의 직무권한에 속하는 사항에 관하여 그 권한을 위법·부당하게 행사하여 실무 담당자로 하여금 그 직무집행을 보조하는 사실행위를 하도록 지시한 경우, 해당 실무 담당자에게 직무집행의 기준을 적용하고 절차에 관여할 고유한 권한과 역할이 부여되어 있지 않다면 甲에게 직권남용죄가 성립하지 않는다.

20

공무방해죄에 관한 설명으로 옳지 않은 것은? (다툼이 있는 경우 관례에 의함)

① 피해 신고를 받고 출동한 두 명의 경찰관에게 욕설을 하면서 순차로 폭행을 하여 신고 처리 및 수사 업무에 관한 정당한 직무집행을 방해한 경우 포괄하여 하나의 공무집행방해죄가 성립한다.
② 위계에 의한 공무집행방해의 범죄행위가 구체적인 공무집행을 저지하거나 현실적으로 곤란하게 하는 데까지는 이르지 아니하고 미수에 그친 경우에는 위계에 의한 공무집행방해죄로 처벌할 수 없다.
③ 특수공무집행방해치상죄는 중한 결과에 대하여 예견가능성이 있음에 불구하고 예견하지 못한 경우뿐만 아니라 고의가 있는 경우에도 성립한다.
④ 법령상 금지된 행위의 위반 여부를 공무원에게 감시, 단속하게 하고 있는 경우 공무원의 감시, 단속을 피하여 금지규정에 위반하는 행위를 하는 것만으로는 위계에 의한 공무집행방해죄가 성립하지 않는다.

2025 김승봉 레전드 형법
동형모의고사

정답 및 해설편

제1-5회

제1회 동형모의고사

01	④	02	①	03	③	04	③	05	③
06	④	07	④	08	④	09	②	10	①
11	④	12	④	13	③	14	③	15	②
16	③	17	②	18	③	19	③	20	③

01 정답 ④

① (×) 부진정 부작위범의 경우에는 보호법익의 주체가 법익에 대한 침해위협에 대처할 보호능력이 없고, 부작위행위자에게 침해위협으로부터 법익을 보호해 주어야 할 법적 작위의무가 있을 뿐 아니라, 부작위행위자가 그러한 보호적 지위에서 법익침해를 일으키는 사태를 지배하고 있어 작위의무의 이행으로 결과발생을 쉽게 방지할 수 있어야 부작위로 인한 법익침해가 작위에 의한 법익침해와 동등한 형법적 가치가 있는 것으로서 범죄의 실행행위로 평가될 수 있다(대판 2015.11.12. 2015도6809 전원합의체).

② (×) 부진정 부작위범의 고의는 반드시 구성요건적 결과발생에 대한 목적이나 계획적인 범행 의도가 있어야 하는 것은 아니고 법익침해의 결과발생을 방지할 법적 작위의무를 가지고 있는 사람이 의무를 이행함으로써 결과발생을 쉽게 방지할 수 있었음을 예견하고도 결과 발생을 용인하고 이를 방관한 채 의무를 이행하지 아니한다는 인식을 하면 족하다(대판 2015.11.12. 2015도6809 전원합의체).

③ (×) 담당 전문의와 주치의에게 환자의 사망이라는 결과발생에 대한 정범의 고의는 인정되나 환자의 사망이라는 결과나 그에 이르는 사태의 핵심적 경과를 계획적으로 조종하거나 저지·촉진하는 등으로 지배하고 있었다고 보기는 어려워 공동정범의 객관적 요건인 이른바 기능적 행위지배가 흠결되어 있다는 이유로 작위에 의한 살인방조죄만 성립한다(대판 2004.6.24. 2002도995).

④ (○) 공무원이 어떠한 위법사실을 발견하고도 직무상 의무에 따른 적절한 조치를 취하지 아니하고 위법사실을 적극적으로 은폐할 목적으로 허위공문서를 작성·행사한 경우에는 직무위배의 위법상태는 허위공문서작성 당시부터 그 속에 포함되는 것으로 작위범인 허위공문서작성, 동행사죄만이 성립하고 부작위범인 직무유기죄는 따로 성립하지 아니하나, 위 복명서 및 심사의견서를 허위작성한 것이 농지일시전용허가를 신청하자 이를 허가하여 주기 위하여 한 것이라면 직접적으로 농지불법전용 사실을 은폐하기 위하여 한 것은 아니므로 위 허위공문서작성, 동행사죄와 직무유기죄는 실체적 경합범의 관계에 있다(대판 1993.12.24. 92도3334).

02 정답 ①

ㄱ, ㄴ, ㄷ 항목이 옳다.

ㄱ. (○) 특수공무집행방해치상죄는 원래 결과적 가중범이기는 하지만, 이는 중한 결과에 대하여 예견가능성이 있었음에도 불구하고 예견하지 못한 경우뿐만 아니라 고의가 있는 경우까지도 포함하는 부진정결과적 가중범이다(대판 1990.6.26. 90도765).

ㄴ. (○) 과실범에 있어서의 비난가능성의 지적 요소란 결과발생의 가능성에 대한 인식으로서 인식있는 과실에는 이와 같은 인식이 있고, 인식없는 과실에는 이에 대한 인식자체도 없는 경우이나, 전자에 있어서 책임이 발생함은 물론, 후자에 있어서도 그 결과발생을 인식하지 못하였다는 데에 대한 부주의, 즉 규범적 실재로서의 과실책임이 있다(대판 1984.2.28. 83도3007).

ㄷ. (○) 도급에서는 원칙적으로 수급인(전문업자)에게 책임을 물어야 한다(대판 2005.9.9. 2005도3108).

ㄹ. (×) 형법상 현주건조물방화치사죄의 미수범은 존재하지 않는다. 甲이 A를 살해할 고의로 방화를 하였으나 A가 사망하지 않았다면, 甲에게는 현주건조물방화죄와 살인미수죄의 상상적 경합범이 성립한다.

ㅁ. (×) 교사자가 상해를 교사하였는데 피교사자가 피해자를 사망에 이르게 하였다면 일반적으로 교사자는 상해죄의 죄책을 지게 되는 것이지만, 교사자에게 피해자의 사망이라는 결과에 대하여 과실 내지 예견가능성이 있었다면 상해치사죄의 교사범이 성립한다(대판 2002.10.25. 2002도4089).

03 정답 ③

甲은 구체적 부합설, 乙은 법정적 부합설을 취하고 있다.

① (×) 타격의 착오가 있는 경우라 할지라도 행위자의 살인의 범의 성립에 방해가 되지 아니한다(대판 1984.1.24. 83도2813). 판례는 법정적 부합설을 취하므로 A에게 C에 대한 살인죄가 성립한다.

② (×) 乙은 법정적 부합설을 취하고 있다.

③ (○) 추상적 사실의 착오 중 객체의 착오에 대한 사례이다. 어느 학설을 취하든 D에 대한 살인(불능)미수죄로 처벌된다.

④ (×) 구체적 사실의 착오 중 객체의 착오에 해당한다. 어느 학설을 취하든 E에 대한 살인죄가 성립한다.

04 정답 ③

① (×) 무고죄는 국가의 형사사법권 또는 징계권의 적정한 행사를 주된 보호법익으로 하고, 다만 개인의 부당하게 처벌 또는 징계받지 아니할 이익을 부수적으로 보호하는 죄이므로, 설사 무고에 있어서 피무고자의 승낙이 있었다고 하더라도 무고죄의 성립에는 영향을 미치지 못한다(대판 2005.9.30. 2005도2712).

② (×) 피고인으로서는 자신의 진돗개를 보호하기 위하여 몽둥이나 기계톱 등을 휘둘러 피해자의 개들을 쫓아버리는 방법으로 자신의 재물을 보호할 수 있었을 것이므로 피해견을 기계톱으로 내리쳐 등 부분을 절개한 것은 피난행위의 상당성을 넘은 행위로서 형법 제22조 제1항에서 정한

긴급피난의 요건을 갖춘 행위로 보기 어렵다(대판 2016.1.28. 2014도2477).

③ (○) 신문기자인 피고인이 고소인에게 2회에 걸쳐 증여세 포탈에 대한 취재를 요구하면서 이에 응하지 않으면 자신이 취재한 내용대로 보도하겠다고 말하여 협박하였다는 취지로 기소된 사안에서, 피고인이 취재와 보도를 빙자하여 고소인에게 부당한 요구를 하기 위한 취지는 아니었던 점, 당시 피고인이 고소인에게 취재를 요구하였다가 거절당하자 인터뷰 협조요청서와 서면질의 내용을 그 자리에 두고 나왔을 뿐 폭언을 하거나 보도하지 않는 데 대한 대가를 요구하지 않은 점, 관할 세무서가 피고인의 제보에 따라 탈세 여부를 조사한 후 증여세를 추징하였다고 피고인에게 통지한 점, 고소인에게 불리한 사실을 보도하는 경우 기자로서 보도에 앞서 정확한 사실 확인과 보도 여부 등을 결정하기 위해 취재 요청이 필요했으리라고 보이는 점 등 제반 사정에 비추어, 위 행위가 설령 협박죄에서 말하는 해악의 고지에 해당하더라도 특별한 사정이 없는 한 기사 작성을 위한 자료를 수집하고 보도하기 위한 것으로서 신문기자의 일상적 업무 범위에 속하여 사회상규에 반하지 아니하는 행위라고 보는 것이 타당하다(대판 2011.7.14. 2011도639).

④ (×) 피고인이 이 사건 토지의 소유자를 대위 또는 대리하여 법정절차에 의하여 이 사건 토지의 소유권을 방해하는 사람들에 대한 방해배제 등 청구권을 보전하는 것이 불가능하였거나 현저하게 곤란하였다고 볼 수 없을 뿐만 아니라, 피고인의 이 사건 행위가 그 청구권의 실행불능 또는 현저한 실행곤란을 피하기 위한 상당한 행위라고 볼 수도 없음을 알 수 있다. 그러므로 자구행위에 해당하지 않는다(대판 2007.12.28. 2007도7717).

05   정답 ③

① (○) 대판 2005.2.25. 2004도8259
② (○) 중지미수의 경우 중지자만 중지미수의 효과를 받고 다른 공범은 장애미수가 성립한다.
③ (×) 특정범죄 가중처벌 등에 관한 법률 제5조의4 제1항은 상습으로 형법 제329조 내지 제331조의 죄 또는 그 미수죄를 범한 자를 무기 또는 3년 이상의 징역에 처하도록 규정하고 있는바, 이는 절도, 야간주거침입절도, 특수절도 및 그 미수죄의 상습범행을 형법각칙이 정하는 형보다 무겁게 가중처벌하고자 함에 그 입법목적이 있을 뿐 달리 형법 총칙규정의 적용을 배제할 이유가 없는 것이므로 중지미수에 관한 형법 제26조의 적용을 배제하는 명문규정이 없는 한 위 특정범죄 가중처벌 등에 관한 법률 제5조의4 제1항 위반의 죄에 위 형법규정의 적용이 없다고 할 수 없다(대판 1986.3.11. 85도2831).
④ (○) 중지미수(중지범)란 범죄의 실행에 착수한 자가 그 범죄가 완성되기 전에 자의로 그 행위를 중지하거나 그 행위로 인한 결과의 발생을 자의로 방지한 경우를 말하므로(형법 제26조) 범죄가 기수에 이른 후에는 형법 총칙상 중지미수의 규정이 준용되지 않는다. 미성년자를 약취·유인한 자가 그 피해자를 안전한 장소로 풀어준 경우는 이미 기수에 이른 상태이므로 중지미수의 규정이 준용되지 않는다. 또한 해방감경은 임의적 감경사유이고, 중지미수는 필요적 감면 사유이다.

06   정답 ④

① (○) 2인 이상이 상호의사의 연락이 없이 동시에 범죄구성요건에 해당하는 행위를 하였을 때에는 원칙적으로 각인에 대하여 그 죄를 논하여야 하나, 그 결과발생의 원인이 된 행위가 분명하지 아니한 때에는 각 행위자를 미수범으로 처벌하고(독립행위의 경합), 이 독립행위가 경합하여 특히 상해의 경우에는 공동정범의 예에 따라 처단(동시범)하는 것이므로, 상호의사의 연락이 있어 공동정범이 성립한다면, 독립행위경합 등의 문제는 아예 제기될 여지가 없다(대판 1997.11.28. 97도1740).
② (○) 결과 발생의 원인이 분명한 경우는 제19조 및 제263조는 적용되지 않아 인과관계가 인정되는 행위를 한 행위자는 의도한 범죄의 기수범이 되고, 인과관계가 판명되지 않는 행위를 한 행위자는 그 죄의 미수범 또는 무죄가 된다.
③ (○) 폭행치상은 포함되지만 강간치상은 포함되지 않는다. 제263조의 동시범 특례규정을 상해와 폭행죄의 특별규정으로 보기 때문이다(대판 1984.4.24. 84도372).
④ (×) 시간적 차이가 있는 독립된 상해행위나 폭행행위가 경합하여 사망의 결과가 일어나고 그 사망의 원인된 행위가 판명되지 않은 경우에는 공동정범의 예에 의하여 처벌한다(대판 2000.7.28. 2000도2466).

07   정답 ②

ㄷ, ㄹ 항목이 공동정범이 성립한다.
ㄱ. (×) 피해자 일행을 한 사람씩 나누어 강간하자는 피고인 일행의 제의에 아무런 대답도 하지 않고 따라 다니다가 자신의 강간 상대방으로 남겨진 공소외인에게 일체의 신체적 접촉도 시도하지 않은 채 다른 일행이 인근 숲 속에서 강간을 마칠 때까지 공소외인과 함께 이야기만 나눈 경우, 피고인에게 다른 일행의 강간 범행에 공동으로 가공할 의사가 있었다고 볼 수 없다(대판 2003.3.28. 2002도7477).
ㄴ. (×) 피고인은 피해자의 팔, 다리를 묶어 저수지 안으로 던져 살인하려는 살해모의에는 가담하였으나 다른 공모자들이 실행행위에 이르기 전에 그 공모관계에서 이탈하였다면 피고인이 공모관계에서 이탈한 이후의 다른 공모자의 행위에 관하여는 공동정범으로서의 책임을 지지 않는다(대판 1986.1.21. 85도2371).
ㄷ. (○) 다른 3명의 공모자들과 강도 모의를 하면서 삽을 들고 사람을 때리는 시늉을 하는 등 그 모의를 주도한 피고인이 함께 범행 대상을 물색하다가 다른 공모자들이 강도의 대상을 지목하고 뒤쫓아 가자 단지 "어?"라고만 하고 비대한

체격 때문에 뒤따라가지 못한 채 범행현장에서 200m 정도 떨어진 곳에 앉아 있었으나 위 공모자들이 피해자를 쫓아가 강도상해의 범행을 한 사안에서, 피고인에게 공동가공의 의사와 공동의사에 기한 기능적 행위지배를 통한 범죄의 실행사실이 인정되므로 강도상해죄의 공모관계에 있고, 다른 공모자가 강도상해죄의 실행에 착수하기까지 범행을 만류하는 등으로 그 공모관계에서 이탈하였다고 볼 수 없으므로 강도상해죄의 공동정범으로서의 죄책을 진다(대판 2008.4.10. 2008도1274).

ㄹ. (○) 위 사안에서 甲과 乙은 서로 의사를 연락하여 경관의 검문에 응하지 않고 트럭을 질주케 하였던 것임을 충분히 인정할 수 있음이 명백하므로 피고인은 본건 과실치사죄의 공동정범이 된다(대판 1962.3.29. 4294형상598).

08   정답 ④

① (×) 자기의 행위가 법령에 의하여 죄가 되지 아니하는 것으로 오인한 행위는 그 오인에 정당한 이유가 있는 때에 한하여 벌하지 아니한다(제16조).

② (×) 위법성조각사유의 존재 또는 한계에 대한 착오는 금지의 착오로 보고 착오에 정당한 사유가 있으면 책임이 조각된다.

③ (×) 형법 제16조의 정당한 이유의 판단의 기준은 행위자 입장에서 판단되어야 하며, 정당한 이유는 행위자에게 자기 행위의 위법 가능성에 대해 심사숙고하거나 조회할 수 있는 계기가 있어 자신의 지적 능력을 다하여 이를 회피하기 위한 진지한 노력을 다하였더라면 스스로의 행위에 대하여 위법성을 인식할 수 있는 가능성이 있었는데도 이를 다하지 못한 결과 자기 행위의 위법성을 인식하지 못한 것인지 여부에 따라 판단해야 한다. 이러한 위법성의 인식에 필요한 노력의 정도는 구체적인 행위정황과 행위자 개인의 인식능력 그리고 행위자가 속한 사회집단에 따라 달리 평가하여야 한다(대판 2006.3.24. 2005도3717).

④ (○) 피고인은 담배 담당 주무부인 기획재정부에 2014.1.21. 이 사건 니코틴 용액 제조의 경우에도 담배사업법 개정 이후 담배제조업 허가를 받아야 하는지 문의한 적이 있는데, 기획재정부의 일관된 입장은 니코틴 용액을 수입한 후 국내에서 혼합, 희석하는 행위는 담배의 제조행위에 해당하며, 담배제조업을 하려는 자는 담배제조업의 허가를 받아야 한다는 것이었고, 피고인은 이 사건 니코틴 용액을 제조, 판매함으로써 수십억 원의 매출을 올린 반면, 자신의 행위에 대한 위법성 여부를 확인하기 위하여 충분한 조치를 다하지 않았다. 니코틴 용액을 제조한 주식회사 한국전자담배에 대한 무허가 담배제조로 인한 담배사업법 위반죄에 관하여 검사의 불기소결정이 있었으나 이는 위 담배사업법 개정 이전에 이루어진 것이고, 피고인에 대한 것도 아니므로, 이를 들어 피고인에게 위법성을 인식하지 못한 데 정당한 사유가 있었다고 볼 수 없다(대판 2018.9.28. 2018도9828).

09   정답 ②

① (○) 대판 2020.11.12. 2019도11688

② (×) 공직선거법 제18조 제3항은 "형법 제38조에도 불구하고 제1항 제3호에 규정된 죄와 다른 죄의 경합범에 대하여는 이를 분리 선고하여야 한다."라고 규정하고 있는바, 그 취지는 선거범이 아닌 다른 죄가 선거범의 양형에 영향을 미치는 것을 최소화하기 위하여 형법상 경합범 처벌례에 관한 조항의 적용을 배제하고 분리하여 형을 따로 선고하여야 한다. 그리고 선거범과 상상적 경합관계에 있는 다른 범죄에 대하여는 여전히 형법 제40조에 의하여 그중 가장 중한 죄에 정한 형으로 처벌해야 하고, 그 처벌받는 가장 중한 죄가 선거범인지 여부를 묻지 않고 선거범과 상상적 경합관계에 있는 모든 죄는 통틀어 선거범으로 취급하여야 한다(대판 2021.7.21. 2018도16587).

③ (○) 대판 2016.1.28. 2014도2477

④ (○) 대판 2021.8.12. 2020도17796

10   정답 ①

① (×) 관습법은 형법의 해석에 형법의 해석에 보충적, 간접적으로 작용할 수는 있어도 관습법에 의하여 형법규정의 적용을 확대하거나 형을 가중하는 것은 허용될 수 없다.

② (○) 형사처벌의 근거가 되는 것은 법률이지 판례가 아니고, 형법 조항에 관한 판례의 변경은 그 법률조항의 내용을 확인하는 것에 지나지 아니하여 이로써 그 법률조항 자체가 변경된 것으로 볼 수 없으므로, 행위 당시의 판례에 의하면 처벌대상이 되지 아니하는 것으로 해석되었던 행위를 판례의 변경에 따라 확인된 내용의 형법 조항에 근거하여 처벌한다고 하여 그것이 형벌불소급원칙에 위반된다고 할 수 없다(헌재 2014.5.29. 2012헌바390).

③ (○) 대판 2017.2.16. 2015도16014 전원합의체

④ (○) 대판 2017.12.21. 2015도8335 전원합의체

11   정답 ④

① (○) [1] 민법상 부부간의 부양의무에 근거한 법률상 보호의무인 작위의무는 법률상 부부뿐만 아니라 사실혼 관계에서도 인정된다. 그러나 사실혼에 해당하여 법률혼에 준하는 보호를 받기 위하여는 단순한 동거 또는 간헐적인 정교관계를 맺고 있다는 사정만으로는 부족하고, 그 당사자 사이에 주관적으로 혼인의 의사가 있고 객관적으로도 사회관념상 가족질서적인 면에서 부부공동생활을 인정할 만한 혼인생활의 실체가 존재하여야 한다.

[2] 피고인과 망 공소외인이 4년여 동안 동거하기도 하면서 내연관계를 맺어왔다는 사정만으로는 두 사람의 관계를 사실혼 관계라고 보거나 두 사람의 사이에 부부간의 상호 부양의무에 준하는 보호의무를 인정할 수 없을 뿐만 아니라, 피고인이 공소외인이 치사량의 필로폰을 복용하여 부조를 요하는 상태에 있다고 인식하였다는 점에 관하여

합리적인 의심이 생기지 않을 정도로 확신하기에는 부족하다(대판 2008.2.14. 2007도3952).
② (○) 국민의 생명과 신체의 안전을 보호하기 위한 응급의 조치를 강구하여야 할 직무를 가진 경찰관인 피고인으로서는 술에 만취된 피해자가 향토예비군 4명에게 데메어 운반되어 지서 나무의자 위에 눕혀 놓았을 때 숨이 가쁘게 쿨쿨 내뿜고 자신의 수족과 의사도 자제할 수 없는 상태에 있음에도 불구하고 근 3시간 동안이나 아무런 구호조치를 취하지 아니한 것은 유기죄에 대한 범의를 인정할 수 있다(대판 1972.6.27. 72도863).
③ (○) 형법 제273조 제1항에서 말하는 '학대'라 함은 육체적으로 고통을 주거나 정신적으로 차별대우를 하는 행위를 가리키고, 이러한 학대행위는 형법의 규정체제상 학대와 유기의 죄가 같은 장에 위치하고 있는 점 등에 비추어 단순히 상대방의 인격에 대한 반인륜적 침해만으로는 부족하고 적어도 유기에 준할 정도에 이르러야 한다(대판 2000.4.25. 2000도223).
④ (×) 생모가 사망의 위험이 예견되는 그 딸에 대하여는 수혈이 최선의 치료방법이라는 의사의 권유를 자신의 종교적 신념이나 후유증 발생의 염려만을 이유로 완강하게 거부하고 방해하였다면 이는 결과적으로 <u>요부조자를 위험한 장소에 두고 떠난 경우나 다름이 없다고 할 것이고</u> 그때 사리를 변식할 지능이 없다고 보아야 마땅한 11세 남짓의 환자본인 역시 수혈을 거부하였다고 하더라도 생모의 수혈거부 행위가 위법한 점에 영향을 미치는 것이 아니다(대판 1980.9.24. 79도1387).

12   정답 ④

① (×) 알코올 블랙아웃은 인코딩 손상의 정도에 따라 단편적인 블랙아웃과 전면적인 블랙아웃이 모두 포함한다. 그러나 알코올의 심각한 독성화와 전형적으로 결부된 형태로서의 의식상실의 상태, 즉 알코올의 최면진정작용으로 인하여 수면에 빠지는 의식상실(passing out)과 구별되는 개념이다. 따라서 음주 후 준강간 또는 준강제추행을 당하였음을 호소하는 피해자의 경우, 범행 당시 알코올이 위의 <u>기억형성의 실패만을 야기한 알코올 블랙아웃 상태였다면 피해자는 기억장애 외에 인지기능이나 의식 상태의 장애에 이르렀다고 인정하기 어렵다.</u> 이에 비하여 피해자가 술에 취해 수면상태에 빠지는 등 의식을 상실한 <u>패싱아웃 상태였다면 심신상실의 상태에 있었음을 인정할 수 있다</u>(대판 2021.2.4. 2018도9781).
② (×) 강제추행죄의 '폭행 또는 협박'은 상대방의 항거를 곤<u>란하게 할 정도로 강력할 것이 요구되지 아니하고</u>, 상대방의 신체에 대하여 불법한 유형력을 행사(폭행)하거나 일반적으로 보아 상대방으로 하여금 공포심을 일으킬 수 있는 정도의 해악을 고지(협박)하는 것이라고 보아야 한다. 위 사안의 피고인의 행위는 피해자의 신체에 대하여 불법한 유형력을 행사하여 피해자를 강제추행한 것에 해당한다고 볼 여지가 충분하여 강제추행에 해당한다(대판 2023.9.21. 2018도13877 전원합의체).
③ (×) 강간치상죄에 있어 상해의 결과는 강간의 수단으로 사용한 폭행으로부터 발생한 경우뿐만 아니라 간음행위 그 자체로부터 발생한 경우나 강간에 수반하는 행위에서 발생한 경우도 포함된다(대판 2003.5.30. 2003도1256).
④ (○) 대판 2021.8.12. 2020도17796

13   정답 ③

①② (○) 대판 2023.2.2. 2022도4719
③ (×) 전파가능성을 이유로 모욕죄의 공연성이 인정될 수 있는 경우, 행위자가 전파가능성을 용인하였는지 여부는 외부에 나타난 행위의 형태·상황 등 구체적 사정을 기초로 하여 일반인이라면 전파가능성을 어떻게 평가할 것인가를 고려하면서 행위자의 입장에서 심리상태를 추인하여야 하므로 행위자의 고의를 인정함에 있어 신중할 필요가 있고, 특히 발언 후 실제로 전파되었는지 여부가 전파가능성 유무를 판단함에 있어 <u>소극적 사정으로 고려되어야 한다</u>(대판 2024.1.4. 2022도14571).
④ (○) 대판 2021.9.9. 2016도88

14   정답 ③

① (○) 형법 제314조 제1항 소정의 위계에 의한 업무방해죄에 있어서의 '위계'라 함은 행위자의 행위목적을 달성하기 위하여 상대방에게 오인·착각 또는 부지를 일으키게 하여 이를 이용하는 것을 말하므로, 인터넷 자유게시판 등에 실제의 객관적인 사실을 게시하는 행위는, 설령 그로 인하여 피해자의 업무가 방해된다고 하더라도, 위 법조항 소정의 '위계'에 해당하지 않는다(대판 2007.6.29. 2006도3839).
② (○) 업무방해죄의 성립에는 업무방해의 결과가 실제로 발생함을 요하지 않고 업무방해의 결과를 초래할 위험이 발생하는 것이면 족하며, 업무수행 자체가 아니라 업무의 적정성 내지 공정성이 방해된 경우에도 업무방해죄가 성립한다(대판 2008.1.17. 2006도1721).
③ (×) 국회의원 비례대표 후보자 명단을 확정하기 위한 당내 경선은 정당의 대표자나 대의원을 선출하는 절차와 달리 국회의원 당선으로 연결될 수 있는 중요한 절차로서 직접투표의 원칙이 그러한 경선절차의 민주성을 확보하기 위한 최소한의 기준이 된다고 할 수 있는 점 등 제반 사정을 종합할 때, 당내 경선에도 직접·평등·비밀투표 등 일반적인 선거원칙이 그대로 적용되고 대리투표는 허용되지 않는다. 따라서 <u>위계에 의한 업무방해죄가 성립한다</u>(대판 2013.11.28. 2013도5117).
④ (○) 대판 2001.11.30. 2001도2015

15 정답 ②

① (○) 횡령죄에서 불법영득의사는 타인의 재물을 보관하는 자가 자기 또는 제3자의 이익을 꾀할 목적으로 위탁의 취지에 반하여 타인의 재물을 자기의 소유인 것처럼 권한 없이 스스로 처분하는 의사를 의미한다. 따라서 보관자가 자기 또는 제3자의 이익을 위하여 소유자의 이익에 반하여 재물을 처분한 경우에는 재물에 대한 불법영득의사를 인정할 수 있으나, 그와 달리 소유자의 이익을 위하여 재물을 처분한 경우에는 특별한 사정이 없는 한 그 재물에 대하여는 불법영득의사를 인정할 수 없다(대판 2016.8.30. 2013도658).

② (×) 주류업체 甲주식회사의 사내이사인 피고인이 피해자를 상대로 주류대금 청구소송을 제기한 민사 분쟁 중 피해자가 착오로 피고인이 관리하는 甲회사명의 계좌로 금원을 송금하여 피고인이 이를 보관하게 되었는데, 피고인은 피해자로부터 위 금원이 착오송금된 것이라는 사정을 문자메시지를 통해 고지받아 위 금원을 반환해야 할 의무가 있었음에도, 피해자와 상계 정산에 관한 합의 없이 피고인이 주장하는 주류대금 채권액을 임의로 상계 정산한 후 반환을 거부하여 횡령죄로 기소된 사안에서, 피고인이 피해자의 착오로 甲회사명의 계좌로 송금된 금원 중 甲회사의 피해자에 대한 채권액에 상응하는 부분에 관하여 반환을 거부한 행위는 정당한 상계권의 행사로 볼 여지가 있으므로, 피고인의 반환거부행위가 횡령행위와 같다고 볼 수 없다(대판 2022.12.29. 2021도2088).

③ (○) 익명조합원이 영업을 위하여 출자한 금전 기타의 재산은 상대방인 영업자의 재산으로 되는 것이므로 영업자가 그 영업의 이익금을 함부로 자기용도에 소비하였다 하여도 횡령죄가 되지 아니한다(대판 1971.12.28. 71도2032).

④ (○) 대판 2018.7.19. 2017도17494 전원합의체

16 정답 ③

①② (○) 대판 2021.7.15. 2015도5184

③ (×) 이익대립관계에 있는 통상의 계약관계에서 채무자의 성실한 급부이행에 의해 상대방이 계약상 권리의 만족 내지 채권의 실현이라는 이익을 얻게 되는 관계에 있다거나, 계약을 이행함에 있어 상대방을 보호하거나 배려할 부수적인 의무가 있다는 것만으로는 채무자를 타인의 사무를 처리하는 자라고 할 수 없고, 위임 등과 같이 계약의 전형적·본질적인 급부의 내용이 상대방의 재산상 사무를 일정한 권한을 가지고 맡아 처리하는 경우에 해당하여야 한다(대판 2021.7.15. 2015도5184).

④ (○) 위 양도담보계약에서 甲회사와 乙은행 간 당사자 관계의 전형적·본질적 내용은 대출금 채무의 변제와 이를 위한 담보에 있고, 甲회사를 통상의 계약에서의 이익대립관계를 넘어서 乙은행과의 신임관계에 기초하여 乙은행의 사무를 맡아 처리하는 것으로 볼 수 없는 이상 甲회사를 운영하는 피고인을 乙은행에 대한 관계에서 '타인의 사무를 처리하는 자'에 해당한다고 할 수 없다(대판 2020.2.20. 2019도9756 전원합의체).

17 정답 ②

① (×) 장물취득죄에서 '취득'이라고 함은 점유를 이전받음으로써 그 장물에 대하여 사실상의 처분권을 획득하는 것을 의미하는 것이므로, 단순히 보수를 받고 본범을 위하여 장물을 일시 사용하거나 그와 같이 사용할 목적으로 장물을 건네받은 것만으로는 장물을 취득한 것으로 볼 수 없다(대판 2003.5.13. 2003도1366).

② (○) 대판 1987.10.13. 87도1633

③ (×) 형법 제362조 제2항에 정한 장물알선죄에서 '알선'이란 장물을 취득·양도·운반·보관하려는 당사자 사이에 서서 이를 중개하거나 편의를 도모하는 것을 의미한다. 따라서 장물인 정을 알면서, 장물을 취득·양도·운반·보관하려는 당사자 사이에 서서 서로를 연결하여 장물의 취득·양도·운반·보관행위를 중개하거나 편의를 도모하였다면, 그 알선에 의하여 당사자 사이에 실제로 장물의 취득·양도·운반·보관에 관한 계약이 성립하지 아니하였거나 장물의 점유가 현실적으로 이전되지 아니한 경우라도 장물알선죄가 성립한다(대판 2009.4.23. 2009도1203).

④ (×) 과실장물죄의 경우 단순과실장물죄는 없고 업무상과실장물죄와 중과실장물죄만 있으므로 업무상과실·중과실장물죄는 일반의 과실에 대하여 형을 가중하여 처벌하는 가중적 구성요건이 아니다.

18 정답 ③

① (○) 매개물을 통한 점화에 의하여 건조물을 불태움을 내용으로 하는 형태의 방화죄의 경우에, 범인이 그 매개물에 불을 켜서 붙였거나 또는 범인의 행위로 인하여 매개물에 불이 붙게 됨으로써 연소작용이 계속될 수 있는 상태에 이르렀다면, 주택 주변에 뿌려진 휘발유를 거쳐 방화 목적물인 주택 자체에 옮겨 붙지는 아니하였다 하더라도, 당시 피고인이 뿌린 휘발유가 인화성이 강한 상태로 주택 주변과 피고인 및 피해자의 몸에 적지 않게 살포되어 있었던 점, 피고인은 그러한 주변 사정을 알면서도 라이터를 켜 불꽃을 일으킨 점, 그로 인하여 매개물인 휘발유에 불이 붙어 연소작용이 계속될 수 있는 상태에 이르고, 실제로 피해자가 발생하기까지 한 점 등의 제반 사정에 비추어 볼 때, 피고인의 위와 같은 행위는 현존건조물방화죄의 실행의 착수에 해당한다고 봄이 상당하다(대판 2002.3.26. 2001도6641).

② (○) 대판 1998.12.8. 98도3416

③ (×) 모텔 방에 투숙하여 담배를 피운 후 재떨이에 담배를 끄게 되었으나 담뱃불이 완전히 꺼졌는지 여부를 확인하지 않은 채 불이 붙기 쉬운 휴지를 재떨이에 버리고 잠을 잔 과실로 담뱃불이 휴지와 침대시트에 옮겨 붙게 함으로써 화재가 발생한 사안에서, 위 화재가 중대한 과실 있는 선행행위로 발생한 이상 화재를 소화할 법률상 의무는 있다 할 것이나, 화재 발생 사실을 안 상태에서 모텔을 빠져나오면서도 모텔 주인이나 다른 투숙객들에게 이를 알리지 아니하였다는 사정만으로는 화재를 용이하게 소화할

수 있었다고 보기 어렵다는 이유로, 부작위에 의한 현주건조물방화치사상죄가 성립하지 않는다(대판 2010.1.14. 2009도12109).

④ (○) 대판 2013.12.12. 2013도3950

19
정답 ③

① (○) 근저당권은 근저당물의 소유자가 아니면 설정할 수 없으므로 타인의 부동산을 자기 또는 제3자의 소유라고 허위의 사실을 신고하여 소유권이전등기를 경료한 후 나아가 그 부동산이 자기 또는 당해 제3자의 소유인 것처럼 가장하여 그 부동산에 관하여 자기 또는 당해 제3자 명의로 채권자와의 사이에 근저당권설정등기를 경료한 경우에는 공정증서원본불실기재 및 동행사죄가 성립한다(대판 1997.7.25. 97도605).

② (○) 운전면허증은 운전면허를 받은 사람이 운전면허시험에 합격하여 자동차의 운전이 허락된 사람임을 증명하는 공문서로서, 운전면허증에 표시된 사람이 운전면허시험에 합격한 사람이라는 '자격증명'과 이를 지니고 있으면서 내보이는 사람이 바로 그 사람이라는 '동일인증명'의 기능을 동시에 가지고 있다. 따라서, 제3자로부터 신분확인을 위하여 신분증명서의 제시를 요구받고 다른 사람의 운전면허증을 제시한 행위는 그 사용목적에 따른 행사로서 공문서부정행사죄에 해당한다(대판 2001.4.19. 2000도1985 전원합의체).

③ (×) 甲구청장이 乙구청장으로 전보된 경우 乙구청장으로서의 권한만 있을 뿐 甲구청장으로서의 권한은 없다 할 것이다. 그러므로 甲구청장이 乙구청장으로 전보된 후 甲구청장의 권한에 속하는 건축허가에 관한 기안용지의 결재란에 서명을 한 것은 자격모용에 의한 공문서작성죄를 구성한다(대판 1993.4.27. 92도2688).

④ (○) 피고인들이 중국 국적의 조선족 여자들과 참다운 부부관계를 설정할 의사 없이 단지 그들의 국내 취업을 위한 입국을 가능하게 할 목적으로 형식상 혼인하기로 한 것이라면, 피고인들과 조선족 여자들 사이에는 혼인의 계출에 관하여는 의사의 합치가 있었으나 참다운 부부관계의 설정을 바라는 효과의사는 없었다고 인정되므로 피고인들의 혼인은 우리 나라의 법에 의하여 혼인으로서의 실질적 성립요건을 갖추지 못하여 그 효력이 없고, 따라서 피고인들이 중국에서 중국의 방식에 따라 혼인식을 거행하였다고 하더라도 우리 나라의 법에 비추어 그 효력이 없는 혼인의 신고를 한 이상 피고인들의 행위는 공정증서원본불실기재 및 동행사 죄의 죄책을 면할 수 없다(대판 1996.11.22. 96도2049).

20
정답 ③

① (○) 제3자뇌물수수죄에서 제3자란 행위자와 공동정범 이외의 사람을 말하고, 교사자나 방조자도 포함될 수 있다. 그러므로 공무원 또는 중재인이 부정한 청탁을 받고 제3자에게 뇌물을 제공하게 하고 제3자가 그러한 공무원 또는 중재인의 범죄행위를 알면서 방조한 경우에는 그에 대한 별도의 처벌규정이 없더라도 방조범에 관한 형법총칙의 규정이 적용되어 제3자뇌물수수방조죄가 인정될 수 있다(대판 2017.3.15. 2016도19659).

② (○) 뇌물공여죄와 뇌물수수죄는 필요적 공범관계에 있다고 할 것이나, 필요적 공범이라는 것은 법률상 범죄의 실행이 다수인의 협력을 필요로 하는 것을 가리키는 것으로서 이러한 범죄의 성립에는 행위의 공동을 필요로 하는 것에 불과하고 반드시 협력자 전부가 책임이 있음을 필요로 하는 것은 아니므로, 오로지 공무원을 함정에 빠뜨릴 의사로 직무와 관련되었다는 형식을 빌려 그 공무원에게 금품을 공여한 경우에도 공무원이 그 금품을 직무와 관련하여 수수한다는 의사를 가지고 받아들이면 뇌물수수죄가 성립한다(대판 2008.3.13. 2007도10804).

③ (×) 뇌물수수죄는 공무원 또는 중재인이 그 직무에 관하여 뇌물을 수수한 때에 성립하는 것이어서 그 주체는 현재 공무원 또는 중재인의 직에 있는 자에 한정되므로, 공무원이 직무와 관련하여 뇌물수수를 약속하고 퇴직 후 이를 수수하는 경우에는, 뇌물약속과 뇌물수수가 시간적으로 근접하여 연속되어 있다고 하더라도, 뇌물약속죄 및 사후수뢰죄가 성립할 수 있음은 별론으로 하고, 뇌물수수죄는 성립하지 않는다(대판 2010.10.14. 2010도387).

④ (○) 대판 2013.4.11. 2012도16277

제2회 동형모의고사

01	③	02	①	03	①	04	④	05	②
06	⑤	07	④	08	③	09	②	10	②
11	②	12	④	13	②	14	①	15	④
16	①	17	②	18	②	19	③	20	②

01

정답 ③

① (○) 신호등에 의하여 교통정리가 행하여지고 있는 ㅏ자형 삼거리의 교차로를 녹색등화에 따라 직진하는 차량의 운전자는 특별한 사정이 없는 한 다른 차량들도 교통법규를 준수하고 충돌을 피하기 위하여 적절한 조치를 취할 것으로 믿고 운전하면 족하고, 대향차선 위의 다른 차량이 신호를 위반하고 직진하는 자기 차량의 앞을 가로질러 좌회전할 경우까지 예상하여 그에 따른 사고발생을 미리 방지하기 위한 특별한 조치까지 강구하여야 할 업무상의 주의의무는 없고, 위 직진차량 운전자가 사고지점을 통과할 무렵 제한속도를 위반하여 과속운전한 잘못이 있었다 하더라도 그러한 잘못과 교통사고의 발생과의 사이에 상당인과관계가 있다고 볼 수 없다(대판 1993.1.15. 92도2579).

② (○) 피고인들의 행위가 전체적으로 보아 조명탑 점거에 일부 도움이 된 측면이 있었다고 하더라도, 조명탑 본연의 기능을 사용할 수 없게 함으로써 야간 입환 업무를 방해한다는 정범들의 범죄에 대한 지원행위 또는 그 법익침해를 강화·증대시키는 행위로서 정범들의 범죄 실현과 밀접한 관련이 있는 행위에 해당한다고 단정하기 어렵다. 따라서 피고인들의 행위는 방조범의 성립을 인정할 정도로 업무방해 행위와 인과관계가 있다고 볼 수 없다(대판 2023.6.29. 2017도9835).

③ (×) 피고인의 수술 후 복막염에 대한 진단과 처치 지연 등의 과실로 피해자가 제때 필요한 조치를 받지 못하였다면 피해자의 사망과 피고인의 과실 사이에는 인과관계가 인정된다. 비록 피해자가 피고인의 지시를 일부 따르지 않거나 퇴원한 적이 있더라도, 그러한 사정만으로는 피고인의 과실과 피해자의 사망 사이에 인과관계가 단절된다고 볼 수 없다(대판 2018.5.11. 2018도2844).

④ (○) 일반적으로 진정부작위범은 거동범, 부진정부작위범은 결과범에 해당한다. 결과범의 경우 작위의무를 이행하였다면 그 결과가 발생하지 않았을 것이라는 관계가 인정될 경우에는 그 작위를 하지 않은 부작위와 사망의 결과 사이에 인과관계가 있는 것으로 보아야 할 것이다(대판 2015.11.12. 2015도6809 전원합의체).

02

정답 ①

ㄱ, ㄴ 항목이 옳다.

ㄱ. (○) 피고인이 간호사들에게 진료 보조행위에 해당하는 자궁의 수축상태 및 질출혈의 정도를 관찰하도록 위임하는 것 자체가 과실이라고 볼 수는 없으나(피고인은 간호사로부터 출혈량이 많다는 보고를 받으면 즉시 환자를 살펴 수혈 또는 전원 여부 등을 판단하면 될 것이다), 피고인으로서는 태반조기박리 등으로 인한 대량출혈의 위험성이 높다는 것을 예견하였거나 이를 예견할 수 있었으므로 간호사가 위임받은 업무를 제대로 수행하고 있는지 평소보다 더 주의 깊게 감독하여, 피해자의 출혈량이 많을 경우 신속히 수혈을 하거나 수혈이 가능한 병원으로 전원시킬 의무가 있다고 할 것인데, 이를 게을리하여 피해자의 대량출혈 증상을 조기에 발견하지 못하고, 전원을 지체하여 피해자로 하여금 신속한 수혈 등의 조치를 받지 못하게 한 과실이 있다고 할 것이다(대판 2010.4.29. 2009도7070).

ㄴ. (○) 내과의사와 신경과 전문의는 수평적 관계이므로 신뢰의 원칙이 적용되어 내과의사의 업무상과실을 부정한다(대판 2003.1.10. 2001도3292).

ㄷ. (×) 병원 인턴인 피고인이, 응급실로 이송되어 온 익수(溺水)환자 甲을 담당의사 乙의 지시에 따라 구급차에 태워 다른 병원으로 이송하던 중 산소통의 산소잔량을 체크하지 않은 과실로 산소 공급이 중단된 결과 甲을 폐부종 등으로 사망에 이르게 하였다는 내용으로 기소된 사안에서, 乙에게서 이송 도중 甲에 대한 앰부 배깅(ambu bagging)과 진정제 투여 업무만을 지시받은 피고인에게 일반적으로 구급차 탑승 전 또는 이송 도중 구급차에 비치되어 있는 산소통의 산소잔량을 확인할 주의의무가 있다고 보기 어렵다(대판 2011.9.8. 2009도13959).

ㄹ. (×) 의사가 다른 의사와 의료행위를 분담하는 경우에도 자신이 환자에 대하여 주된 의사의 지위에 있거나 다른 의사를 사실상 지휘 감독하는 지위에 있다면, 그 의료행위의 영역이 자신의 전공과목이 아니라 다른 의사의 전공과목에 전적으로 속하거나 다른 의사에게 전적으로 위임된 것이 아닌 이상, 의사는 자신이 주로 담당하는 환자에 대하여 다른 의사가 하는 의료행위의 내용이 적절한 것인지의 여부를 확인하고 감독하여야 할 업무상 주의의무가 있고, 만약 의사가 이와 같은 업무상 주의의무를 소홀히 하여 환자에게 위해가 발생하였다면, 의사는 그에 대한 과실 책임을 면할 수 없다(대판 2007.2.22. 2005도9229).

03

정답 ①

① (×) 부진정결과적 가중범에서 중한 결과의 고의범에 대하여 더 무겁게 처벌하는 규정이 없는 경우에는 결과적 가중범이 고의범에 대하여 특별관계에 있으므로 결과적 가중범만 성립하고 고의범에 대하여는 별도의 죄가 성립하지 않는다(대판 2008.11.27. 2008도7311).

② (○) 피고인들이 피해자들의 재물을 강취한 후 그들을 살해할 목적으로 현주건조물에 방화하여 사망에 이르게 한 경우, 피고인들의 행위는 강도살인죄와 현주건조물방화치사죄에 모두 해당하고 그 두 죄는 상상적 경합범관계에 있다(대판 1998.12.8. 98도3416).

③ (○) 결과적 가중범은 일반과실범에 비하여 고의의 기본범죄에 내포된 위험이 실현된 것이므로 행위반가치가 크다.

④ (○) [1] 기본범죄를 통하여 고의로 중한 결과를 발생하게 한 경우에 가중 처벌하는 부진정결과적 가중범에 있어서, 고의로 중한 결과를 발생하게 한 행위가 별도의 구성요건에 해당하고 그 고의범에 대하여 결과적 가중범에 정한 형보다 더 무겁게 처벌하는 규정이 있는 경우에는 그 고의범과 결과적 가중범이 상상적 경합관계에 있다고 보아야 할 것이지만, 위와 같이 고의범에 대하여 더 무겁게 처벌하는 규정이 없는 경우에는 결과적 가중범이 고의범에 대하여 특별관계에 있다고 해석되므로 결과적 가중범만 성립하고 이와 법조경합의 관계에 있는 고의범에 대하여는 별도로 죄를 구성한다고 볼 수 없다.
[2] 따라서 직무를 집행하는 공무원에 대하여 위험한 물건을 휴대하여 고의로 상해를 가한 경우에는 특수공무집행방해치상죄만 성립할 뿐, 이와는 별도로 폭력행위 등 처벌에 관한 법률 위반(집단·흉기 등 상해)죄를 구성한다고 볼 수 없다(대판 2008.11.27. 2008도7311).

> **형법 제144조(특수공무방해)**
> ① 단체 또는 다중의 위력을 보이거나 위험한 물건을 휴대하여 제136조, 제138조와 제140조 내지 전조의 죄를 범한 때에는 각조에 정한 형의 2분의 1까지 가중한다.
> ② 제1항의 죄를 범하여 공무원을 상해에 이르게 한 때에는 <u>3년 이상의 유기징역</u>에 처한다. 사망에 이르게 한 때에는 무기 또는 5년 이상의 징역에 처한다.
>
> **폭력행위 등 처벌에 관한 법률 위반 제3조(집단적 폭행등)**
> ① 단체나 다중의 위력으로써 또는 단체나 집단을 가장하여 위력을 보임으로써 제2조 제1항에 열거된 죄를 범한 자 또는 흉기 기타 위험한 물건을 휴대하여 그 죄를 범한 자는 <u>3년 이상의 유기징역</u>에 처한다.

04 정답 ④

① (×) 형법 제16조에서 "자기가 행한 행위가 법령에 의하여 죄가 되지 아니한 것으로 오인한 행위는 그 오인에 정당한 이유가 있는 때에 한하여 벌하지 아니한다."라고 규정하고 있는 것은 단순한 법률의 부지를 말하는 것이 아니고, 일반적으로 범죄가 되는 경우이지만 자기의 특수한 경우에는 법령에 의하여 허용된 행위로서 죄가 되지 아니한다고 그릇 인식하고 그와 같이 그릇 인식함에 정당한 이유가 있는 경우에는 벌하지 않는다는 취지이다(대판 2006.1.13. 2005도8873).

② (×) 구체적 사실의 착오 중 객체의 착오이다. 구체적 부합설에 의하면 B에 대한 살인기수가 된다.

③ (×) 법률 위반 행위 중간에 일시적으로 판례에 따라 그 행위가 처벌대상이 되지 않는 것으로 해석되었던 적이 있었다고 하더라도 그것만으로 자신의 행위가 처벌되지 않는 것으로 믿은 데에 정당한 이유가 있다고 할 수 없다(대판 2021.11.25. 2021도10903).

④ (○) 관리자에 의해 출입이 통제되는 건조물에 관리자의 승낙을 받아 건조물에 통상적인 출입방법으로 들어갔다면, 이러한 승낙의 의사표시에 기망이나 착오 등의 하자가 있더라도 특별한 사정이 없는 한 형법 제319조 제1항에서 정한 건조물침입죄가 성립하지 않는다. 이러한 경우 관리자의 현실적인 승낙이 있었으므로 가정적·추정적 의사는 고려할 필요가 없다. 단순히 승낙의 동기에 착오가 있다고 해서 승낙의 유효성에 영향을 미치지 않으므로, 관리자가 행위자의 실제 출입 목적을 알았더라면 출입을 승낙하지 않았을 사정이 있더라도 건조물침입죄가 성립한다고 볼 수 없다. 나아가 관리자의 현실적인 승낙을 받아 통상적인 출입방법에 따라 건조물에 들어간 경우에는 출입 당시 객관적·외형적으로 드러난 행위태양에 비추어 사실상의 평온상태를 해치는 모습으로 건조물에 들어간 것이라고 평가할 수도 없다(대판 2022.3.31. 2018도15213).

05 정답 ②

① (○) 교사자의 고의는 반드시 범죄의 기수에 대한 것이어야 한다. 미수의 교사는 기수의 고의가 없으므로 교사자의 가벌성은 부인된다.

② (×) 교사자가 피교사자에 대하여 상해 또는 중상해를 교사하였는데 피교사자가 이를 넘어 살인을 실행한 경우에, 일반적으로 교사자는 상해죄 또는 중상해죄의 죄책을 지게 되는 것이지만 이 경우에 교사자에게 피해자의 사망이라는 결과에 대하여 과실 내지 예견가능성이 있는 때에는 상해치사죄의 죄책을 지울 수 있다(대판 2002.10.25. 2002도4089). 판례의 취지에 의할 때 지문의 경우 폭행치사죄의 교사범이 성립할 수 있다.

③ (○) 은행지점장이 정범인 부하직원들의 범행을 인식하면서도 그들의 은행에 대한 배임행위를 방치한 정도만으로는 적극가담했다고 볼 수 없어 공모공동정범이 아닌 배임죄의 방조범이 성립된다(대판 1984.11.27. 84노1906).

④ (○) 기도된 교사(효과 없는 교사)는 교사자와 피교사자 모두 예비·음모에 준하여 처벌되지만, 기도된 방조(효과 없는 방조)는 처벌규정이 없어 처벌되지 않는다.

06 정답 ③

ㄱ, ㄴ, ㄹ 항목이 옳다.

ㄱ. (○) 변호사법위반은 필요적 공범 중에 일방만 처벌하고 타방은 처벌하지 않는 대향범이다. 변호사법은 변호사 아닌 자가 변호사를 고용하여 법률사무소를 개설·운영하는 행위를 처벌하도록 규정하고 있으나, 변호사가 변호사 아닌 자에게 고용되어 법률사무소의 개설·운영에 관여하는 행위에 대한 처벌규정은 없다. 변호사를 변호사 아닌 자의 공범으로서 처벌할 수는 없다(대판 2004.10.28. 2004도3994).

ㄴ. (○) 대판 1994.12.23. 93도1002

ㄷ. (×) 업무상배임죄는 타인의 사무를 처리하는 지위라는 점에서 보면 신분관계로 인하여 성립될 범죄이고, 업무상 타

인의 사무를 처리하는 지위라는 점에서 보면 단순배임죄에 대한 가중규정으로서 신분관계로 인하여 형의 경중이 있는 경우라고 할 것이므로, 그와 같은 신분관계가 없는 자가 신분관계가 있는 자와 공모하여 업무상배임죄를 저질렀다면 신분관계가 없는 자에 대하여는 형법 제33조 단서에 의하여 단순배임죄에 정한 형으로 처단하여야 할 것이다(대판 1999.4.27. 99도883).

ㄹ. (○) 대판 1986.7.8. 86도749

07 정답 ④

① (×) 남편이 온다는 것을 알고 미리 칼을 숨기고 있었던 사안으로 사회통념상 용인될 수 없다는 이유로 정당방위나 과잉방위에 해당하지 않는다(대판 2001.5.15. 2001도1089).
② (×) 우연피난 사례이다. 우연피난은 주관적 정당화요소(피난의사)가 없는 경우이므로 결과반가치는 없고 행위반가치만 존재한다. 무죄설, 기수범설, 불능미수범설의 견해 대립이 있다.
③ (×) 보전되는 丙의 생명이 침해되는 B 생명보다 우월하지 않기 때문에 긴급피난이 성립하지 않는다.
④ (○) 밧줄을 끊으려는 丙의 행위는 긴급피난에는 해당하지 않으므로 (B 입장에서 보았을 때) 현재의 부당한 침해이므로 B는 정당방위를 할 수 있다.

08 정답 ③

ㄱ. (○) 1개의 기망행위에 의하여 다수의 피해자로부터 각각 재산상 이익을 편취한 경우에는 피해자별로 수 개의 사기죄가 성립하고, 그 사이에는 상상적 경합의 관계에 있는 것으로 보아야 한다(대판 2015.4.23. 2014도16980).
ㄴ. (○) 절도범인으로부터 장물보관의뢰를 받은 자가 그 정을 알면서 이를 인도받아 보관하고 있다가 임의처분하였다 하여도 장물보관죄가 성립되는 때에는 이미 그 소유자의 소유물추구권을 침해하였으므로 그 후의 횡령행위는 불가벌적 사후행위에 불과하여 별도로 횡령죄가 성립하지 않는다(대판 1976.11.23. 76도3067).
ㄷ. (×) 회사 명의의 합의서를 임의로 작성·교부한 행위에 대하여 약식명령이 확정된 사문서위조 및 그 행사죄의 범죄사실과 그로 인하여 회사에 재산상 손해를 가하였다는 업무상 배임의 공소사실은 그 객관적 사실관계가 하나의 행위이므로 1개의 행위가 수개의 죄에 해당하는 경우로서 형법 제40조에 정해진 상상적 경합관계에 있다(대판 2009.4.9. 2008도5634).
ㄹ. (○) 문서에 2인 이상의 작성명의인이 있을 때에는 각 명의자 마다 1개의 문서가 성립되므로 2인 이상의 연명으로 된 문서를 위조한 때에는 작성명의인의 수대로 수개의 문서위조죄가 성립하고 또 그 연명문서를 위조하는 행위는 자연적 관찰이나 사회통념상 하나의 행위라 할 것이어서 위 수개의 문서위조죄는 형법 제40조가 규정하는 상상적 경합범에 해당한다(대판 1987.7.21. 87도564).

ㅁ. (×) 재심판결이 후행범죄 사건에 대한 판결보다 먼저 확정된 경우에 후행범죄에 대해 재심판결을 근거로 후단 경합범이 성립한다고 하려면 재심심판법원이 후행범죄를 동시에 판결할 수 있었어야 한다. 그러나 아직 판결을 받지 아니한 후행범죄는 재심심판절차에서 재심대상이 된 선행범죄와 함께 심리하여 동시에 판결할 수 없었으므로 후행범죄와 재심판결이 확정된 선행범죄 사이에는 후단 경합범이 성립하지 않는다(대판 2019.6.20. 2018도20698 전원합의체).

09 정답 ②

① (○) 형사처벌의 근거가 되는 것은 법률이지 판례가 아니고, 형법 조항에 관한 판례의 변경은 그 법률조항의 내용을 확인하는 것에 지나지 아니하여 이로써 그 법률조항 자체가 변경된 것이라고 볼 수는 없으므로, 행위 당시의 판례에 의하면 처벌대상이 되지 아니하는 것으로 해석되었던 행위를 판례의 변경에 따라 확인된 내용의 형법 조항에 근거하여 처벌한다고 하여 그것이 헌법상 평등의 원칙과 형벌불소급의 원칙에 반한다고 할 수는 없다(대판 1999.9.17. 97도3349).
② (×) 아동·청소년의 성보호에 관한 법률이 정한 신상공개명령(대판 2011.3.24. 2010도14393), 전자장치 부착 등에 관한 법률이 정한 전자감시제도(헌재 2012.12.27. 2010헌가82)는 소급효금지원칙이 적용되지 않지만, 가정폭력범죄의 처벌 등에 관한 특례법이 정한 보호처분 중의 하나인 사회봉사명령은 가정폭력범죄를 범한 자에 대하여 환경의 조정과 성행의 교정을 목적으로 하는 것으로서 형벌 그 자체가 아니라 보안처분의 성격을 가지는 것이 사실이다. 그러나 한편으로 이는 가정폭력범죄행위에 대하여 형사처벌 대신 부과되는 것으로서, 가정폭력범죄를 범한 자에게 의무적 노동을 부과하고 여가시간을 박탈하여 실질적으로는 신체적 자유를 제한하게 되므로, 이에 대하여는 원칙적으로 형벌불소급의 원칙에 따라 행위시법을 적용함이 상당하다(대결 2008.7.24. 2008어4).
③ (○) 대판 1998.2.24. 97도183
④ (○) 헌재 1996.2.16. 96헌가2

10 정답 ②

① (○) 甲에 대해서는 형법 제3조(속인주의)에 의하여 우리 형법이 적용된다.
② (×) 범죄의 성립과 처벌에 관하여 규정한 형벌법규 자체 또는 그로부터 수권 내지 위임을 받은 법령의 변경에 따라 범죄를 구성하지 아니하게 되거나 형이 가벼워진 경우에는, 종전 법령이 범죄로 정하여 처벌한 것이 부당하였다거나 과형이 과중하였다는 반성적 고려에 따라 변경된 것인지 여부를 따지지 않고 원칙적으로 형법 제1조 제2항과 형사소송법 제326조 제4호가 적용된다(대판 2022.12.22. 2020도16420 전원합의체).

③ (○) 공소시효가 아직 완성되지 않은 경우 진행 중인 공소시효를 연장하는 법률은 이른바 부진정소급효를 갖게 되나, 공소시효제도에 근거한 개인의 신뢰와 공소시효의 연장을 통하여 달성하려는 공익을 비교형량하여 공익이 개인의 신뢰보호이익에 우선하는 경우에는 소급효를 갖는 법률도 헌법상 정당화될 수 있다(헌재 1996.2.16. 96헌가2).

④ (○) 아동·청소년의 성보호에 관한 법률에 정한 <u>공개명령 제도는 일종의 보안처분으로서 사후적 처분인 형벌과 구별되어 그 본질을 달리하는 것으로서 형벌에 관한 소급입법금지의 원칙이 그대로 적용되지 않으므로</u>, 공개명령 제도 시행 이전에 범한 범죄에도 공개명령 제도를 적용하도록 아동·청소년의 성보호에 관한 법률이 개정되었다고 하더라도 그것이 소급입법금지의 원칙에 반한다고 볼 수 없다(대판 2011.3.24. 2010도14393).

11 정답 ②

① (×) <u>"앞으로 수박이 없어지면 네 책임으로 한다."고 말하였다고 하더라도 그것만으로는 구체적으로 어떠한 법익에 어떠한 해악을 가하겠다는 것인지를 알 수 없어 이를 해악의 고지라고 보기 어렵고</u>, 가사 피고인이 위와 같이 말한 것으로 인하여 피해자가 어떤 공포심을 느꼈다고 하더라도 피고인이 위와 같은 말을 하게 된 경위, 피고인과 피해자의 나이 및 신분관계 등에 비추어 볼 때 이는 정당한 훈계의 범위를 벗어나는 것이 아니어서 사회상규에 위배되지 아니하므로 위법성이 없다고 봄이 상당하고, <u>그 후 피해자가 스스로 음독 자살하기에 이르렀다 하더라도 이는 피해자가 자신의 결백을 밝히려는 데 그 동기가 있었던 것으로 보일 뿐 그것이 피고인의 협박으로 인한 결과라고 보기도 어려우므로 그와 같은 결과의 발생만을 들어 이를 달리 볼 것은 아니다</u>(대판 1995.9.29. 94도2187).

② (○) 대판 1998.3.10. 98도70

③ (×) 채권자가 채권추심을 위하여 독촉 등 권리행사에 필요한 행위를 할 수 있기는 하지만, 법률상 허용되는 정당한 절차에 의한 것이어야 하며, 또한 채무자의 자발적 이행을 촉구하기 위해 필요한 범위 안에서 상당한 방법으로 그 권리가 행사되어야 한다. 사채업자인 피고인은 피해자에게, 채무를 변제하지 않으면 피해자가 숨기고 싶어하는 과거의 행적과 사채를 쓴 사실 등을 남편과 시댁에 알리겠다는 등의 문자메시지를 발송하였다는 것인바, 이는 피해자에게 <u>공포심을 일으키기에 충분하다고 보아야 할 것이고</u>, 그 밖에 피고인이 고지한 해악의 구체적인 내용과 표현방법, 피고인이 피해자에게 위와 같은 해악을 고지하게 된 경위와 동기 등 제반 사정 등을 종합하면, <u>피고인에게 협박의 고의가 있었음을 충분히 인정할 수 있으며, 피고인이 정당한 절차와 방법을 통해 그 권리를 행사하지 아니하고 피해자에게 위와 같이 해악을 고지한 것이 사회의 관습이나 윤리관념 등 사회통념에 비추어 용인할 수 있는 정도의 것이라고 볼 수는 없다</u>(대판 2011.5.26. 2011도2412).

④ (×) 피해자와 언쟁중 "입을 찢어 버릴라"라고 한 말은 당시의 주위사정등에 비추어 <u>단순한 감정적인 욕설에 불과하고 피해자에게 해악을 가할 것을 고지한 행위라고 볼 수 없어 협박에 해당하지 않는다</u>(대판 1986.7.22. 86도1140).

12 정답 ④

① (○) 대판 2021.2.4. 2018도9781
② (○) 대판 2020.8.27. 2015도9436 전원합의체
③ (○) 대판 2020.8.15. 2015도7102
④ (×) 피고인이 피해자 甲(여, 48세)에게 욕설을 하면서 자신의 바지를 벗어 성기를 보여주는 방법으로 강제추행하였다는 내용으로 기소된 사안에서, 甲의 성별·연령, 행위에 이르게 된 경위, 甲에 대하여 어떠한 신체 접촉도 없었던 점, 행위장소가 사람 및 차량의 왕래가 빈번한 도로로서 공중에게 공개된 곳인 점, 피고인이 한 욕설은 성적인 성질을 가지지 아니하는 것으로서 '추행'과 관련이 없는 점, 甲이 자신의 성적 결정의 자유를 침해당하였다고 볼 만한 사정이 없는 점 등 제반 사정을 고려할 때, <u>단순히 피고인이 바지를 벗어 자신의 성기를 보여준 것만으로는 폭행 또는 협박으로 '추행'을 하였다고 볼 수 없다</u>(대판 2012.7.26. 2011도8805).

13 정답 ②

① (○) 대판 2006.9.14. 2006도2824
② (×) <u>타워크레인은 건설기계의 일종으로서 작업을 위하여 토지에 고정되었을 뿐이고 운전실은 기계를 운전하기 위한 작업공간 그 자체이지 건조물침입죄의 객체인 건조물에 해당하지 아니하고, 건물에 침입한 행위로 볼 수 없다</u>(대판 2005.10.7. 2005도5351).

비교: 골리앗크레인 사건은 주거침입죄 인정

③ (○) 공동거주자 개개인은 각자 사실상 주거의 평온을 누릴 수 있으므로 어느 거주자가 부재중이라고 하더라도 사실상의 평온상태를 해치는 행위태양으로 들어가거나 그 거주자가 독자적으로 사용하는 공간에 들어간 경우에는 그 거주자의 사실상 주거의 평온을 침해하는 결과를 가져올 수 있다. 그러나 공동거주자 중 주거 내에 현재하는 거주자의 현실적인 승낙을 받아 통상적인 출입방법에 따라 들어갔다면, 설령 그것이 부재중인 다른 거주자의 의사에 반하는 것으로 추정된다고 하더라도 주거침입죄의 보호법익인 사실상 주거의 평온을 깨트렸다고 볼 수는 없다(대판 2021.9.9. 2020도12630).

④ (○) <u>사실상의 평온상태를 해치는 행위 태양으로 주거에 들어가는 것이라면 대체로 거주자의 의사에 반하겠지만, 단순히 주거에 들어가는 행위 자체가 거주자의 의사에 반한다는 주관적 사정만으로는 바로 침입에 해당한다고 볼 수 없다. 따라서 침입행위에 해당하는지는 거주자의 의사에 반하는지가 아니라 사실상의 평온상태를 해치는 행위태양인지에 따라 판단되어야 한다</u>. 한편, 업무시간 중 출입

자격 등의 제한 없이 일반적으로 개방되어 있는 장소에 들어간 경우, 관리자의 명시적 출입금지 의사 및 조치가 없었던 이상 그 출입 행위가 결과적으로 관리자의 추정적 의사에 반하였다는 사정만으로는 사실상의 평온상태를 해치는 행위태양으로 출입하였다고 평가할 수 없다(대판 2024.1.4. 2022도15955).

14 정답 ①

① (×) 의료인이나 의료법인이 아닌 자가 의료기관을 개설하여 운영하는 행위는 업무방해죄의 보호대상이 되는 업무에 해당하지 않는다. 그러나 무자격자에 의해 개설된 의료기관에 고용된 의료인이 환자를 진료한다고 하여 그 진료행위 또한 당연히 반사회성을 띠는 행위라고 볼 수는 없다. 이때 의료인의 진료 업무가 업무방해죄의 보호대상이 되는 업무인지는 의료기관의 개설·운영 형태, 해당 의료기관에서 이루어지는 진료의 내용과 방식, 피고인의 행위로 인하여 방해되는 업무의 내용 등 사정을 종합적으로 고려하여 판단해야 한다(대판 2023.3.16. 2021도16482).
② (○) 대판 2013.11.28. 2013도5117
③ (○) 업무방해죄의 '위력'이란 사람의 자유의사를 제압·혼란케 할 만한 일체의 세력으로, 유형적이든 무형적이든 묻지 아니하므로, 폭력·협박은 물론 사회적·경제적·정치적 지위와 권세에 의한 압박 등도 이에 포함되고, 현실적으로 피해자의 자유의사가 제압될 것을 요하는 것은 아니지만, 범인의 위세, 사람 수, 주위의 상황 등에 비추어 피해자의 자유의사를 제압하기 족한 세력을 의미하는 것이다(대판 2013.3.14. 2010도410).
④ (○) 업무방해죄와 폭행죄는 구성요건과 보호법익을 달리하고 있고, 업무방해죄의 성립에 일반적·전형적으로 사람에 대한 폭행행위를 수반하는 것은 아니며, 폭행행위가 업무방해죄에 비하여 별도로 고려되지 않을 만큼 경미한 것이라고 할 수도 없으므로, 설령 피해자에 대한 폭행행위가 동일한 피해자에 대한 업무방해죄의 수단이 되었다고 하더라도 그러한 폭행행위가 이른바 '불가벌적 수반행위'에 해당하여 업무방해죄에 대하여 흡수관계에 있다고 볼 수는 없다(대판 2012.10.11. 2012도1895).

15 정답 ④

① (○) 비의료인이 개설한 의료기관이 마치 의료법에 의하여 적법하게 개설된 요양기관인 것처럼 국민건강보험공단에 요양급여비용의 지급을 청구하는 것은 국민건강보험공단으로 하여금 요양급여비용 지급에 관한 의사결정에 착오를 일으키게 하는 것으로서 사기죄의 기망행위에 해당한다(대판 2015.07.09. 2014도11843).
② (○) 대판 2005.8.19. 2004도6859
③ (○) 피해자가 피고인에게 사업자등록 명의를 대여하였다는 것만으로 피고인이 채무를 면하는 재산상 이익을 취득하는 피해자의 재산적 처분행위가 있었다고 보기는 어렵다. 따라서 사기죄가 성립하지 않는다(대판 2012.6.28. 2012도4773).
④ (×) 금융기관 직원이 전산단말기를 이용하여 다른 공범들이 지정한 특정계좌에 돈이 입금된 것처럼 허위의 정보를 입력하는 방법으로 위 계좌로 입금되도록 한 경우, 이러한 입금절차를 완료함으로써 장차 그 계좌에서 이를 인출하여 갈 수 있는 재산상 이익을 취득하였으므로 형법 제347조의2에서 정하는 컴퓨터 등 사용사기죄는 기수에 이르렀고, 그 후 그러한 입금이 취소되어 현실적으로 인출되지 못하였다고 하더라도 이미 성립한 컴퓨터 등 사용사기죄에 영향을 미치지 않는다(대판 2006.9.14. 2006도4127).

16 정답 ①

ㄱ, ㄴ, ㄹ 항목이 옳지 않다.
ㄱ. (×) 날치기와 같이 강력적으로 재물을 절취하는 행위는 때로는 피해자를 전도시키거나 부상케 하는 경우가 있고, 구체적인 상황에 따라서는 이를 강도로 인정하여야 할 때가 있다 할 것이나, 그와 같은 결과가 피해자의 반항억압을 목적으로 함이 없이 점유탈취의 과정에서 우연히 가해진 경우라면 이는 절도에 불과한 것으로 보아야 한다(대판 2003.7.25. 2003도2316).
ㄴ. (×) 준강도는 절도가 재물을 탈환할 목적으로 폭행 또는 협박을 가한 때 성립한다. 즉, 절도는 재물죄인데 이 사안에서는 술값은 재산상이익이므로 준강도죄가 성립하지 않는다(대판 2014.5.16. 2014도2521).
ㄷ. (○) 대판 2007.12.28. 2007도9181
ㄹ. (×) 피고인들이 근저당권이 설정된 이 사건 건물을 철거한 뒤 멸실등기를 마치고, 이 사건 기계·기구를 양도함으로써 피해자의 권리의 목적이 된 피고인들의 물건을 손괴 또는 은닉하여 피해자의 권리행사를 방해하였다고 보아 유죄로 판단하였다(대판 2021.1.14. 2020도14735).
ㅁ. (○) 형법 제323조의 권리행사방해죄는 타인의 점유 또는 권리의 목적이 된 자기의 물건을 취거, 은닉 또는 손괴하여 타인의 권리행사를 방해함으로써 성립하므로 취거, 은닉 또는 손괴한 물건이 자기의 물건이 아니라면 권리행사방해죄가 성립할 수 없다. 물건의 소유자가 아닌 사람은 형법 제33조 본문에 따라 소유자의 권리행사방해 범행에 가담한 경우에 한하여 그의 공범이 될 수 있을 뿐이다. 이 사건 도어락은 피고인 소유의 물건일 뿐 乙의 것은 아니라는 것이다. 따라서 앞서 본 법리에 비추어 보면, 甲에게는 권리행사방해교사죄가 성립하지 않는다(대판 2022.9.16. 2022도5827).

17 정답 ②

① (○) 공무원이 국가 또는 공공기관의 사무를 처리하면서 그 임무에 위배하는 행위로써 제3자로 하여금 재산상의 이익을 취득하게 하여 공공기관 등에 손해를 가한 경우 공무원이 공공기관 등에 대하여 타인의 사무를 처리하는 자로서 업무상배임죄가 성립될 수 있다(대판 2010.10.14. 2010도387).

② (×) 형법 제355조 제2항의 배임죄에 있어서 타인의 사무를 처리할 의무의 주체가 법인이 되는 경우라도 법인은 다만 사법상의 의무주체가 될 뿐 범죄능력이 없는 것이며 그 타인의 사무는 법인을 대표하는 자연인인 대표기관의 의사결정에 따른 대표행위에 의하여 실현될 수 밖에 없어 그 대표기관은 마땅히 법인이 타인에 대하여 부담하고 있는 의무내용 대로 사무를 처리할 임무가 있다 할 것이므로 법인이 처리할 의무를 지는 타인의 사무에 관하여는 법인이 배임죄의 주체가 될 수 없고 그 법인을 대표하여 사무를 처리하는 자연인인 대표기관이 바로 타인의 사무를 처리하는 자 즉 배임죄의 주체가 된다(대판 1984.10.10. 82도2595 전원합의체).

③ (○) 부동산 매매계약에서 계약금만 지급된 단계에서는 어느 당사자나 계약금을 포기하거나 그 배액을 상환함으로써 자유롭게 계약의 구속력에서 벗어날 수 있다. 그러나 중도금이 지급되는 등 계약이 본격적으로 이행되는 단계에 이른 때에는 계약이 취소되거나 해제되지 않는 한 매도인은 매수인에게 부동산의 소유권을 이전해 줄 의무에서 벗어날 수 없다. 따라서 이러한 단계에 이른 때에 매도인은 매수인에 대하여 매수인의 재산보전에 협력하여 재산적 이익을 보호·관리할 신임관계에 있게 된다. 그때부터 매도인은 배임죄에서 말하는 '타인의 사무를 처리하는 자'에 해당한다고 보아야 한다(대판 2018.5.17. 2017도4027 전원합의체).

④ (○) 내연의 처와의 불륜관계를 지속하는 대가로서 부동산에 관한 소유권이전등기를 경료해 주기로 약정한 경우, 위 부동산 증여계약은 선량한 풍속과 사회질서에 반하는 것으로 무효이어서 위 증여로 인한 소유권이전등기의무가 인정되지 아니하는 이상 동인이 타인의 사무를 처리하는 자에 해당한다고 볼 수 없어 비록 위 등기의무를 이행하지 않는다 하더라도 배임죄를 구성하지 않는다(대판 1986.9.9. 86도1382).

18 정답 ②

① (○) 부가가치세 과세사업자가 재화나 용역을 공급하는 때에 이를 공급받은 자에게 작성·교부하여야 하는 계산서이므로(부가가치세법 제16조 제1항), 그 작성권자는 어디까지나 재화나 용역을 공급하는 공급자라고 보아야 할 것이고, 공급받는 자의 상호, 성명, 주소는 필요적 기재사항이 아닌 임의적 기재사항에 불과하여(부가가치세법 시행령 제53조 제1항) 공급받는 자의 상호, 성명, 주소가 기재되어 있지 않은 세금계산서라도 그 효력에는 영향이 없으며, 공급자가 세금계산서를 작성함에 있어 공급받은 자의 동의나 협조가 요구되지도 않는 점 등에 비추어 세금계산서상의 공급받는 자는 그 문서 내용의 일부에 불과할 뿐 세금계산서의 작성명의인은 아니라 할 것이니, 공급받는 자 란에 임의로 다른 사람을 기재하였다 하여 그 사람에 대한 관계에서 사문서위조죄가 성립된다고 할 수 없다(대판 2007.3.15. 2007도169).

② (×) 부동산 매매계약서와 같이 문서에 2인 이상의 작성명의인이 있는 때에는 각 명의자마다 1개의 문서가 성립되는 것으로 볼 것이고 피고인이 그 명의자의 한사람이라 하더라도 타 명의자와 합의없이 행사할 목적으로 그 문서의 내용을 변경하였을 때에는 사문서 변조죄가 성립된다 할 것인바 본건에 있어서 위 부동산매매계약서는 타인의 문서에 해당된다 할 것이고 한편 피고인이 계약서상에 위와 같은 기재를 권한없이 기입하였다면 비록 그 가필한 하단에 피고인만의 날인이 있고 없고를 불문하고 사문서변조죄가 성립되고 위문서를 타에 행사하였다면 동 행사죄가 성립된다고 보아야 한다(대판 1977.7.12. 77도1736).

③ (○) 계약 등에 의하여 공무와 관련되는 업무를 일부 대행하는 자가 작성한 문서가 공문서위조·변조죄의 객체가 될 수 없다. 식당의 주·부식 구입 업무를 담당하는 공무원이 계약 등에 의하여 공무소의 주·부식 구입·검수 업무 등을 담당하는 조리장·영양사 등의 명의를 위조하여 검수결과보고서를 작성한 사안에서 후생계 조리장 및 영양사라는 사실만으로 그 신분이 공무원이거나 공무원으로 의제되는 자에 해당한다고 단정할 수 없으므로 일반인으로 하여금 공무원 또는 공무소의 권한 내에서 작성된 문서라고 믿을 수 있는 형식과 외관을 구비한 문서라고 보기 어렵고, 그 밖에 위 검수결과보고서의 조리장, 영양사 명의 부분이 공문서임을 인정할 만한 증거를 기록상 찾아볼 수 없으므로 공문서위조죄가 성립하지 않는다(대판 2010.7.15. 2010도6068).

④ (○) 국립대학교 교무처장 명의의 졸업증명서 파일은 그 파일을 보기 위하여 일정한 프로그램을 실행하여 모니터 등에 이미지 영상을 나타나게 하여야 하므로, 파일 그 자체는 형법상 문서에 관한 죄에 있어서의 문서에 해당되지 않는다(대판 2010.7.15. 2010도6068).

19 정답 ③

① (○) 공소시효는 범죄행위를 종료한 때로부터 진행하는데(형사소송법 제252조 제1항), 공무원이 직무에 관하여 금전을 무이자로 차용한 경우에는 차용 당시에 금융이익 상당의 뇌물을 수수한 것으로 보아야 하므로, 공소시효는 금전을 무이자로 차용한 때로부터 기산한다(대판 2012.2.23. 2011도7282).

② (○) 형법이 뇌물죄에 관하여 규정하고 있는 것은 공무원의 직무집행의 공정과 그에 대한 사회의 신뢰 및 직무행위의 불가매수성을 보호하기 위한 것이다. 법령에 기한 임명권자에 의하여 임용되어 공무에 종사하여 온 사람이 나중에 그가 임용결격자이었음이 밝혀져 당초의 임용행위가 무효라고 하더라도, 그가 임용행위라는 외관을 갖추어 실제로 공무를 수행한 이상 공무 수행의 공정과 그에 대한 사회의 신뢰 및 직무행위의 불가매수성은 여전히 보호되어야 한다. 따라서 이러한 사람은 형법 제129조에서 규정한 공무원으로 봄이 타당하고, 그가 그 직무에 관하여 뇌물을 수수한 때에는 수뢰죄로 처벌할 수 있다(대판 2014.3.27. 2013도11357).

③ (×) 뇌물죄에서 뇌물의 내용인 이익이라 함은 금전, 물품 기타의 재산적 이익뿐만 아니라 사람의 수요·욕망을 충족시키기에 족한 일체의 유형, 무형의 이익을 포함한다고 해석되고, 투기적 사업에 참여할 기회를 얻는 것도 이에 해당한다(대판 2002.11.26. 2002도3539).

④ (○) 공무원이 직접 뇌물을 받지 아니하고 증뢰자로 하여금 다른 사람에게 뇌물을 공여하도록 한 경우, 그 다른 사람이 공무원의 사자 또는 대리인으로서 뇌물을 받은 경우나 그 밖에 예컨대, 평소 공무원이 그 다른 사람의 생활비 등을 부담하고 있었다거나 혹은 그 다른 사람에 대하여 채무를 부담하고 있었다는 등의 사정이 있어서 그 다른 사람이 뇌물을 받음으로써 공무원은 그만큼 지출을 면하게 되는 경우 등 사회통념상 그 다른 사람이 뇌물을 받은 것을 공무원이 직접 받은 것과 같이 평가할 수 있는 관계가 있는 경우에는 형법 제130조의 제3자 뇌물제공죄가 아니라, 형법 제129조 제1항의 뇌물수수죄가 성립한다(대판 2004. 3.26. 2003도8077).

20
정답 ②

ㄱ, ㄴ, ㄹ 항목이 옳다.

ㄱ. (○) 형사소송법상 증언거부권의 고지 제도는 증인에게 그러한 권리의 존재를 확인시켜 침묵할 것인지 아니면 진술할 것인지에 관하여 심사숙고할 기회를 충분히 부여함으로써 침묵할 수 있는 권리를 보장하기 위한 것임을 감안할 때 증인이 증언거부권을 고지받지 못함으로 인하여 그 증언거부권을 행사하는 데 사실상 장애가 초래되었다고 볼 수 있는 경우에는 위증죄의 성립을 부정하여야 할 것이다 (대판 2010.1.21. 2008도942 전원합의체).

ㄴ. (○) 대판 2010.2.25. 2009도1302

ㄷ. (×) 형법 제153조 소정의 위증죄를 범한 자가 자백, 자수를 한 경우의 형의 감면규정은 재판 확정전의 자백을 형의 필요적 감경 또는 면제사유로 한다는 것이며, 또 위 자백의 절차에 관하여는 아무런 제한이 없으므로 그가 공술한 사건을 다루는 기관에 대한 자발적인 고백은 물론, 위증사건의 피고인 또는 피의자로서 법원이나 수사기관의 심문에 의한 고백도 위 자백의 개념에 포함된다(대판 1973.11.27. 73도1639).

ㄹ. (○) 무고죄는 국가의 형사사법권 또는 징계권의 적정한 행사를 주된 보호법익으로 하고, 다만 개인의 부당하게 처벌 또는 징계받지 아니할 이익을 부수적으로 보호하는 죄로서, 무고죄에 있어서 형사처분 또는 징계처분을 받게 할 목적은 허위신고를 함에 있어서 다른 사람이 그로 인하여 형사 또는 징계처분을 받게 될 것이라는 인식이 있으면 족하고 그 결과발생을 희망하는 것까지를 요하는 것은 아니므로 고소인이 고소장을 수사기관에 제출한 이상 그러한 인식은 있었다고 보아야 한다(대판 2006.8.25. 2006도3631).

제 3 회 동형모의고사

01	③	02	③	03	②	04	④	05	①
06	②	07	②	08	③	09	①	10	①
11	②	12	②	13	④	14	②	15	④
16	①	17	②	18	②	19	①	20	②

01
정답 ③

① (○) 합법칙적 조건설은 인과관계를 사실관계로 확정하고 객관적 귀속을 통해서 규범적으로 확정한다.

② (○) 사실적 측면과 규범적 측면을 한꺼번에 판단하는 것이 상당인과관계설이다.

③ (×) 과실범은 결과범이므로 구성요건적 결과가 발생하여야 하고, 과실행위와 결과사이에 인과관계와 객관적 귀속이 인정되어야 한다. 즉, 주의의무를 게을리하지 않았다면 피해자가 사망에 이르지 않았을 것이라는 사실이 입증되어야 하고, 검사가 이를 입증하지 못한다면 주의의무 위반과 발생한 결과사이에 객관적 귀속이 부정된다.

④ (○) 자동차의 운전자가 통상 예견되는 상황에 대비하여 결과를 회피할 수 있는 정도의 주의의무를 다하지 못한 것이 교통사고 발생의 직접적인 원인이 되었다면, 비록 자동차가 보행자를 직접 충격한 것이 아니고 보행자가 자동차의 급정거에 놀라 도로에 넘어져 상해를 입은 경우라고 할지라도, 업무상 주의의무 위반과 교통사고 발생 사이에 상당인과관계를 인정할 수 있다(대판 2022.6.16. 2022도1401).

02
정답 ③

① (○) 대판 2017.4.26. 2017도1405

② (○) 대판 2017.3.15. 2015도1456

③ (×) 피고인은 이 사건 대화에 원래부터 참여하지 아니한 제3자이므로, 통화연결상태에 있는 휴대폰을 이용하여 이 사건 대화를 청취·녹음하는 행위는 작위에 의한 통신비밀보호법위반죄에 해당한다(대판 2016.5.12. 2013도15616).

④ (○) 피고인이 일부러 건축자재를 A의 토지 위에 쌓아 두어 공사현장을 막은 것이 아니라 당초 자신의 공사를 위해 쌓아 두었던 건축자재를 공사 완료 후 치우지 않은 것에 불과하므로, 비록 공사대금을 받을 목적으로 건축자재를 치우지 않았더라도, 피고인이 자신의 공사를 위하여 쌓아 두었던 건축자재를 공사 완료 후에 단순히 치우지 않은 행위가 위력으로써 A의 추가 공사 업무를 방해하는 업무방해죄의 실행행위로서 A의 업무에 대하여 하는 적극적인 방해행위와 동등한 형법적 가치를 가진다고 볼 수 없다(대판 2017.12.22. 2017도13211).

03
정답 ②

① (○) 대판 1998.12.8. 98도3416

② (×) 강제추행치상죄에서 상해의 결과는 강제추행의 수단으로 사용한 폭행이나 추행행위 그 자체 또는 강제추행에 수반하는 행위로부터 발생한 것이어야 한다. 따라서 상해를 가한 부분을 고의범인 상해죄로 처벌하면서 이를 다시 결과적 가중범인 강제추행치상죄의 상해로 인정하여 이중으로 처벌할 수는 없다(대판 2009.7.23. 2009도1934).

③ (○) 피고인들이 의도적으로 피해자를 술에 취하도록 유도하고 수차례 강간한 후 의식불명 상태에 빠진 피해자를 비닐창고로 옮겨 놓아 피해자가 저체온증으로 사망한 사안에서, 위 피해자의 사망과 피고인들의 강간 및 그 수반행위와의 인과관계 그리고 피해자의 사망에 대한 피고인들의 예견가능성이 인정되므로, 위 비닐창고에서 피해자를 재차 강제추행, 강간하고 하의를 벗겨 놓은 채 귀가한 피고인이 있다 하더라도 피고인들은 피해자의 사망에 대한 책임을 면한다고 볼 수 없어 강간치사죄가 인정된다(대판 2008.2.29. 2007도10120).

④ (○) 강도합동범 중 1인이 피고인과 공모한대로 과도를 들고 강도를 하기 위하여 피해자의 거소를 들어가 피해자를 향하여 칼을 휘두른 이상 이미 강도의 실행행위에 착수한 것임이 명백하고, 그가 피해자들을 과도로 찔러 상해를 가하였다면 대문 밖에서 망을 본 공범인 피고인이 구체적으로 상해를 가할 것까지 공모하지 않았다 하더라도 피고인은 상해의 결과에 대하여도 공범으로서의 책임을 면할 수 없다.

04
정답 ④

① (○) 위법성은 개인의 행위를 법질서와의 관계에서 판단하는 것이어서, 개인의 특수성은 위법성판단의 기준이 되지 않는다. 책임은 행위자에 대한 비난가능성의 문제이므로 개인적 특수성을 고려한다.

② (○) 형법 제10조에 규정된 심신장애는 생물학적 요소로서 정신병 또는 비정상적 정신상태와 같은 정신적 장애가 있는 외에 심리학적 요소로서 이와 같은 정신적 장애로 말미암아 사물에 대한 변별능력과 그에 따른 행위통제능력이 결여되거나 감소되었음을 요하므로, 정신적 장애가 있는 자라고 하여도 범행 당시 정상적인 사물변별능력이나 행위통제능력이 있었다면 심신장애로 볼 수 없다(대판 2007.2.8. 2006도7900).

③ (○) 형법 제16조는 일반적으로 범죄가 되는 경우이지만 자기의 특수한 경우에는 법령에 의하여 허용된 행위로서 죄가 되지 아니한다고 그릇 인식한 경우에 관한 규정이다(대판 1985.4.9. 85도25).

④ (×) 병역법 제88조 제1항은 국방의 의무를 실현하기 위하여 현역입영 또는 소집통지서를 받고도 정당한 사유 없이 이에 응하지 않은 사람을 처벌함으로써 입영기피를 억제하고 병력구성을 확보하기 위한 규정이다. 위 조항에 따르면 정당한 사유가 있는 경우에는 피고인을 벌할 수 없는데, 여기에서 정당한 사유는 구성요건해당성을 조각하는 사유이다. 이는 형법상 위법성조각사유인 정당행위나 책임조각

사유인 기대불가능성과는 구별된다(대판 2018.11.1. 2016도 10912 전원합의체).

05
정답 ①

① (×) 허위의 병사용진단서를 발급받은 행위만으로는 실행의 착수에 이르지 않고, 실제로 조사를 받을 때 실행의 착수가 인정된다(대판 2005.9.28. 2005도3065).

② (○) 공전자기록등불실기재죄에 있어서의 실행의 착수 시기는 공무원에 대하여 허위의 신고를 하는 때라고 보아야 할 것인바, 이 사건 피고인이 위장결혼의 당사자 및 중국측 브로커와의 공모 하에 허위로 결혼사진을 찍고, 혼인신고에 필요한 서류를 준비하여 위장결혼의 당사자에게 건네준 것만으로는 아직 공전자기록등불실기재죄에 있어서 실행에 착수한 것으로 보기 어렵다(대판 2009.9.24. 2009도4998).

③ (○) 주관설에 대한 설명이다. 주관설은 행위자의 주관적 의사에 착안해서, 행위자가 수행하고자 하는 범죄의 의사가 행위에 의해 확정적으로 드러났을 때 실행의 착수를 인정하므로 가벌적 미수의 범위가 지나치게 확대될 수 있다.

④ (○) 야간에 타인의 재물을 절취할 목적으로 사람의 주거에 침입한 경우에는 주거에 침입한 단계에서 이미 형법 제330조에서 규정한 야간주거침입절도죄라는 범죄행위의 실행에 착수한 것이라고 보아야 하며, 주거침입죄의 경우 주거침입의 범의로써 예컨대, 주거로 들어가는 문의 시정장치를 부수거나 문을 여는 등 침입을 위한 구체적 행위를 시작하였다면 주거침입죄의 실행의 착수는 있었다고 보아야 한다(대판 2003.10.24. 2003도4417). 그러므로 야간에 아파트에 침입하여 물건을 훔칠 의도하에 아파트의 베란다 철제난간까지 올라가 유리창문을 열려고 시도하였다면 야간주거침입절도죄의 실행에 착수한 것으로 보아야 한다.

06
정답 ②

① (×) 불능범과 구별되는 불능미수의 성립요건인 '위험성'은 피고인이 행위 당시에 인식한 사정을 놓고 일반인이 객관적으로 판단하여 결과 발생의 가능성이 있는지 여부를 따져야 한다(대판 2019.3.28. 2018도16002 전원합의체).

② (○) 피고인이 피해자를 독살하려 하였으나 동인이 토함으로써 그 목적을 이루지 못한 경우에는 피고인이 사용한 독의 양이 치사량 미달이어서 결과발생이 불가능한 경우도 있을 것이고, 한편 형법은 장애미수와 불능미수를 구별하여 처벌하고 있으므로 원심으로서는 이 사건 독약의 치사량을 좀더 심리하여 피고인의 소위가 위 미수중 어느 경우에 해당하는지 가렸어야 할 것이다(대판 1984.2.14. 83도2967).

③ (×) [1] 불능범의 판단기준으로서 위험성 판단은 피고인이 행위 당시에 인식한 사정을 놓고 이것이 객관적으로 일반인의 판단으로 보아 결과 발생의 가능성이 있느냐를 따져야 한다.

[2] 민사소송법상 소송비용의 청구는 소송비용액 확정절차에 의하도록 규정하고 있으므로, 위 절차에 의하지 아니하고 손해배상금 청구의 소 등으로 소송비용의 지급을 구하는 것은 소의 이익이 없는 부적법한 소로서 허용될 수 없다고 할 것이다. 따라서 소송비용을 편취할 의사로 소송비용의 지급을 구하는 손해배상청구의 소를 제기하였다고 하더라도 이는 객관적으로 소송비용의 청구방법에 관한 법률적 지식을 가진 일반인의 판단으로 보아 결과 발생의 가능성이 없어 위험성이 인정되지 않는다고 할 것이다.

[3] 이 부분 소송사기 범행은 실행수단의 착오로 인하여 결과발생이 불가능할 뿐만 아니라 위험성도 없다 할 것이어서 소송사기죄의 불능미수에 해당한다고 볼 수 없으므로 결국 범죄로 되지 아니하는 때에 해당한다(대판 2005.12.8. 2005도8105).

④ (×) 향정신성의약품인 메스암페타민(속칭 히로뽕)의 제조를 시도하였으나 약품배합 미숙으로 그 완제품을 제조하지 못하였다면 그 행위는 성질상 결과발생의 위험성이 인정되어 불능미수범으로 처벌된다(대판 1985.3.26. 85도206).

07
정답 ②

① (○) 대판 2022.6.30. 2020도7866

② (×) 2인 이상의 서로 대향된 행위의 존재를 필요로 하는 대향범에 대하여 공범에 관한 형법 총칙 규정이 적용될 수 없다. 이러한 법리는 해당 처벌규정의 구성요건 자체에서 2인 이상의 서로 대향적 행위의 존재를 필요로 하는 필요적 공범인 대향범을 전제로 한다. 구성요건상으로는 단독으로 실행할 수 있는 형식으로 되어 있는데 단지 구성요건이 대향범의 형태로 실행되는 경우에도 대향범에 관한 법리가 적용된다고 볼 수는 없다(대판 2022.6.30. 2020도7866).

③ (○) 신분관계가 없는 자에 대하여는 형법 제33조 본문에 의하여 업무상배임죄가 성립하지만, 형법 제33조 단서에 의하여 단순배임죄에 정한 형으로 처벌한다.

④ (○) 대판 1997.9.30. 97도1940

08
정답 ③

① (○) 비공무원이 공무원과 공동가공의 의사와 이를 기초로 한 기능적 행위지배를 통하여 공무원의 직무에 관하여 뇌물을 수수하는 범죄를 실행하였다면 공무원이 직접 뇌물을 받은 것과 동일하게 평가할 수 있으므로 공무원과 비공무원에게 형법 제129조 제1항에서 정한 뇌물수수죄의 공동정범이 성립한다(대판 2019.8.29. 2018도13792 전원합의체).

② (○) 甲이 친구 乙과 공모하여 자신의 아버지를 살해한 경우, 제33조 본문에 따라 乙은 존속살해죄의 공동정범이 성립하나 제33조 단서에 의해 보통살인죄에 정한 형으로 처단된다.

③ (×) 전업주부인 乙은 공무원이 아니므로 뇌물을 받더라도 수뢰죄의 구성요건해당성이 없다. 따라서 공무원 甲은 수뢰죄의 간접정범이 된다.

④ (○) 형법 제31조 제1항은 협의의 공범의 일종인 교사범이 그 성립과 처벌에 있어서 정범에 종속한다는 일반적인 원칙을 선언한 것에 불과하고, 신분관계로 인하여 형의 경중이 있는 경우에 신분이 있는 자가 신분이 없는 자를 교사하여 죄를 범하게 한 때에는 형법 제33조 단서가 형법 제31조 제1항에 우선하여 적용됨으로써 신분이 있는 교사범이 신분이 없는 정범보다 중하게 처벌된다(대판 1994.12.23. 93도1002). 그러므로 신분자가 비신분자에게 가담한 경우는 통설과 판례가 일치하여 신분자는 신분자대로 성립과 처벌을 하고, 비신분자(정범)는 비신분자대로 보통살해죄가 성립(보통살해죄의 형으로 처벌)한다.

09 정답 ①

① (○) 피고인 겸 피부착명령청구자가 이 사건 강간 범행 과정에서 한 폭행행위는 단순한 폭행이 아니라 보복의 목적을 가지고 한 것으로서 특정범죄 가중처벌 등에 관한 법률 제5조의9 제2항의 구성요건에 해당하는데, 그것이 성폭력범죄의 처벌 등에 관한 특례법 위반(주거침입강간등)죄의 구성요건에 완전히 포섭되지 않는 점, 특정범죄 가중처벌 등에 관한 법률 위반(보복범죄등)죄가 범죄 신고자 등의 보호 외에 국가의 형사사법 기능을 보호법익으로 하는 죄인 데 반하여 강간죄는 개인의 성적 자기결정권을 보호법익으로 하는 죄로서 양(兩)죄는 그 보호법익을 달리하는 점 등에 비추어 볼 때, 특정범죄 가중처벌 등에 관한 법률 위반(보복범죄등)죄가 성폭력범죄의 처벌 등에 관한 특례법 위반(주거침입강간등)죄에 흡수되는 법조경합의 관계에 있다고 볼 수 없고 양죄는 상상적 경합관계에 있다(대판 2012.3.15. 2012도544).

② (×) 절도범인으로부터 장물보관의뢰를 받은 자가 그 정을 알면서 이를 인도받아 보관하고 있다가 임의처분하였다 하여도 장물보관죄가 성립되는 때에는 이미 그 소유자의 소유물추구권을 침해하였으므로 그 후의 횡령행위는 불가벌적 사후행위에 불과하여 별도로 횡령죄가 성립하지 않는다(대판 1976.11.23. 76도3067).

③ (×) 범죄단체 가입행위 또는 범죄단체 구성원으로서 활동하는 행위와 사기행위는 각각 별개의 범죄구성요건을 충족하는 독립된 행위이므로 실체적 경합관계이다(대판 2017.10.26. 2017도8600).

④ (×) 피고인이 부부인 피해자 甲과 乙에게 '토지를 매수하여 분필한 후 이를 분양해서 원금 및 수익금을 지급하겠다.'면서 기망한 후, 이에 속아 피고인에게 투자하기 위해 공동재산인 건물을 매도하여 돈을 마련한 피해자들로부터 피해자 甲 명의 예금계좌에서 1억 원, 피해자 乙명의 예금계좌에서 4억 7,500만 원, 합계 5억 7,500만 원을 송금받아 이를 편취하였다는 이유로 특정경제범죄 가중처벌 등에 관한 법률 위반(사기)죄로 기소된 사안에서, 피해자들에 대한 사기죄의 피해법익이 동일하다고 평가될 수 있어 이들에 대한 사기죄가 포괄일죄를 구성한다(대판 2023.12.21. 2023도13514).

10 정답 ①

① (×) 2017.12.12. 법률 제15151호로 개정된 법무사법(이하 '개정된 법무사법'이라 한다)에는 제72조 제2항이 신설되어 등록증을 다른 사람에게 빌려준 법무사, 법무사의 등록증을 빌린 사람 등이 취득한 금품이나 그 밖의 이익은 몰수하고 이를 몰수할 수 없을 때에는 그 가액을 추징한다고 규정하고 있고, 부칙 제2조는 "제72조 제2항의 개정규정은 이 법 시행 후 최초로 법무사 등록증을 다른 사람에게 빌려준 경우부터 적용한다."라고 규정하고 있다. 위와 같이 개정된 법무사법 제72조 제2항, 부칙 제2조, 헌법 제13조 제1항 전단과 형법 제1조 제1항에서 정한 형벌법규의 소급효 금지 원칙에 비추어 보면, 법무사가 등록증을 다른 사람에게 빌려주거나 법무사의 등록증을 빌린 행위가 개정된 법무사법 시행 이전부터 계속되어 온 경우에는 개정된 법무사법이 시행된 이후의 행위로 취득한 금품 그 밖의 이익만이 개정된 법무사법 제72조 제2항에 따른 몰수나 추징의 대상이 된다고 보아야 한다(대판 2020.10.15. 2020도7307).

② (○) 대판 2020.7.9. 2018도5519

③ (○) 한반도의 평시상태에서 미군의 군속 중 '통상적으로 대한민국에 거주하고 있는 자'는 우리나라 법원에 재판권이 있다(대판 2006.5.11. 2005도798).

④ (○) 형법상 미성년자 약취·유인죄는 세계주의가 도입되어 외국인이 대한민국 영역 밖에서 죄를 범한 경우에도 우리 형법이 적용된다(제287조, 제296조의2).

11 정답 ②

① (×) 감금에 있어서의 사람의 행동의 자유의 박탈은 반드시 전면적이어야 할 필요가 없으므로 감금된 특정구역 내부에서 일정한 생활의 자유가 허용되어 있었다고 하더라도 감금죄는 성립한다(대판 1991.8.27. 91도1604).

② (○) 대판 2018.2.28. 2017도21249

③ (×) 감금죄에 있어서의 감금행위는 사람으로 하여금 일정한 장소 밖으로 나가지 못하도록 하여 신체의 자유를 제한하는 행위를 가리키는 것이고, 그 방법은 반드시 물리적, 유형적 장애를 사용하는 경우뿐만 아니라 심리적, 무형적 장애에 의하는 경우도 포함되는 것이므로, 설사 그 장소가 경찰서 내 대기실로서 일반인과 면회인 및 경찰관이 수시로 출입하는 곳이고 여닫이 문만 열면 나갈 수 있도록 된 구조라 하여도 경찰서 밖으로 나가지 못하도록 그 신체의 자유를 제한하는 유형, 무형의 억압이 있었다면 이는 감금에 해당한다(대판 1997.6.13. 97도877).

④ (×) 체포·감금죄의 객체는 이전의 자유를 가지는 자연인을 말하므로 이전이 불가능한 출산직후의 영아는 객체가 되지 못한다. 그러나 잠재적 의미에서 행동의 의사를 가질 수 있는 자연인은 모두 감금죄의 객체가 되므로, 책임능력 등을 갖지 못한 정신병자도 본죄의 객체가 된다(대판 2002.10.11. 2002도4315).

12

정답 ②

① (○) 주거침입죄에서 주거란 단순히 가옥 자체만을 말하는 것이 아니라 그 정원 등 위요지를 포함한다. 따라서 다가구용 단독주택이나 다세대주택·연립주택·아파트 등 공동주택 안에서 공용으로 사용하는 계단과 복도는, 주거로 사용하는 각 가구 또는 세대의 전용 부분에 필수적으로 부속하는 부분으로서 그 거주자들에 의하여 일상생활에서 감시·관리가 예정되어 있고 사실상의 주거의 평온을 보호할 필요성이 있는 부분이므로, 특별한 사정이 없는 한 주거침입죄의 객체인 '사람의 주거'에 해당한다(대판 2009.8.20. 2009도3452).

② (×) 주거침입죄는 사실상 주거의 평온을 보호법익으로 한다. 주거침입죄의 구성요건적 행위인 침입은 주거침입죄의 보호법익과의 관계에서 해석하여야 하므로, 침입이란 주거의 사실상 평온상태를 해치는 행위태양으로 주거에 들어가는 것을 의미하고, 침입에 해당하는지는 출입 당시 객관적·외형적으로 드러난 행위태양을 기준으로 판단함이 원칙이다. 사실상의 평온상태를 해치는 행위태양으로 주거에 들어가는 것이라면 대체로 거주자의 의사에 반하겠지만, 단순히 주거에 들어가는 행위 자체가 거주자의 의사에 반한다는 주관적 사정만으로는 바로 침입에 해당한다고 볼 수 없다. 거주자의 의사에 반하는지는 사실상의 평온상태를 해치는 행위태양인지를 평가할 때 고려할 요소 중 하나이지만 주된 평가 요소가 될 수는 없다. 따라서 침입행위에 해당하는지는 거주자의 의사에 반하는지가 아니라 사실상의 평온상태를 해치는 행위태양인지에 따라 판단하여야 한다(대판 2022.8.25. 2022도3801).

③ (○) 피고인이 이 사건 주택에 무단 침입한 범죄사실로 이미 유죄판결을 받고 그 판결이 확정되었음에도 퇴거하지 아니한 채 계속해서 이 사건 주택에 거주함으로써 위 판결이 확정된 이후로도 피고인의 주거침입행위 및 그로 인한 위법상태가 계속되고 있다고 보아 주거침입죄가 성립한다(대판 2008.5.8. 2007도11322).

④ (○) 대판 2021.8.12. 2020도17796

13

정답 ④

① (○) [1] 공무집행방해죄는 폭행, 협박에 이른 경우를 구성요건으로 삼고 있을 뿐 이에 이르지 아니하는 위력 등에 의한 경우는 그 구성요건의 대상으로 삼고 있지 않다.
[2] 형법이 업무방해죄와는 별도로 공무집행방해죄를 규정하고 있는 것은 사적 업무와 공무를 구별하여 공무에 관해서는 공무원에 대한 폭행, 협박 또는 위계의 방법으로 그 집행을 방해하는 경우에 한하여 처벌하겠다는 취지라고 보아야 한다. 따라서 공무원이 직무상 수행하는 공무를 방해하는 행위에 대해서는 업무방해죄로 의율할 수는 없다(대판 2009.11.19. 2009도4166).

② (○) 공인중개가 아닌 사람이 운영하는 부동산중개업은 보호할 가치가 없어서 업무방해죄의 보호대상이 되는 업무라고 볼 수 없다(대판 2007.1.12. 2006도6599).

③ (○) 대판 2022.5.12. 2021도1533

④ (×) 업무방해죄의 '위력'이란 사람의 자유의사를 제압·혼란하게 할 만한 일체의 세력으로, 유형적이든 무형적이든 묻지 아니하고, 현실적으로 피해자의 자유의사가 제압되어야만 하는 것도 아니지만, 범인의 위세, 사람 수, 주위의 상황 등에 비추어 피해자의 자유의사를 제압하기 족한 정도가 되어야 하는 것으로서, 그러한 위력에 해당하는지는 범행의 일시·장소, 범행의 동기, 목적, 인원수, 세력의 태양, 업무의 종류, 피해자의 지위 등 제반 사정을 고려하여 객관적으로 판단하여야 하고, 피해자 등의 의사에 의해 결정되는 것은 아니다(대판 2022.9.7. 2021도9055).

14

정답 ②

① (○) 가해학생 A로부터 학교폭력 피해를 입은 B학생의 어머니 甲이 학교폭력을 신고하여 학교폭력대책자치위원회의 의결에 따라 'B에 대한 접촉, 보복행위의 금지' 등의 조치가 있은 후 피고인이 자신의 카카오톡 계정 프로필 상태메시지에 '학교폭력범은 접촉금지!!!'라는 글과 주먹 모양의 그림말 세 개를 게시했다고 하더라도 그 상태메시지를 통해 피해자의 학교폭력 사건이나 그 사건으로 피해자가 받은 조치에 대해 기재함으로써 피해자의 사회적 가치나 평가를 저하시키에 충분한 구체적인 사실을 드러냈다고 볼 수 없다(대판 2020.5.28. 2019도12750).

② (×) 국가나 지방자치단체는 국민에 대한 관계에서 형벌의 수단을 통해 보호되는 외부적 명예의 주체가 될 수 없으므로 명예훼손죄나 모욕죄의 피해자가 될 수 없다(대판 2016.12.27. 2014도15290).

③ (○) 대판 2014.3.27. 2011도15631

④ (○) 어느 사람을 비방할 목적으로 인터넷 사이트에 게시글을 올리는 행위에 대하여 위 조항을 적용하기 위해서는, 해당 게시글이 그 사람에 대한 구체적인 사실관계를 보고하거나 진술하는 내용이어야 한다. 단순히 그 사람을 사칭하여 마치 그 사람이 직접 작성한 글인 것처럼 가장하여 게시글을 올리는 행위는 그 사람에 대한 사실을 드러내는 행위에 해당하지 아니하므로, 그 사람에 대한 관계에서는 위 조항을 적용할 수 없다(대판 2018.5.30. 2017도607).

15
정답 ④

① (○) 형법 제335조의 준강도죄의 구성요건인 폭행은 같은 법 제333조의 폭행의 정도와의 균형상 상대방의 반항(항쟁)을 억압할 정도 즉 반항을 억압하는 수단으로서 일반적, 객관적으로 가능하다고 인정하는 정도면 족하다 할 것이고 이는 체포되려는 구체적 상황에 비추어 체포의 공격력을 억압함에 족한 정도의 것인 여부에 따라 결정되어야 할 것이므로 피고인이 옷을 잡히자 체포를 면하려고 충동적으로 저항을 시도하여 잡은 손을 뿌리친 정도의 폭행을 준강도죄로 의율할 수는 없다(대판 1985.5.14. 85도619).

② (○) 날치기 수법으로 피해자가 들고 있던 가방을 탈취하면서 가방을 놓지 않고 버티는 피해자를 5m 가량 끌고 감으로써 피해자의 무릎 등에 상해를 입힌 경우, 반항을 억압하기 위한 목적으로 가해진 강제력으로서 그 반항을 억압할 정도에 해당한다고 보아 강도치상죄가 성립한다(대판 2007.12.13. 2007도7601).

③ (○) 절취한 타인의 신용카드를 이용하여 현금지급기에서 계좌이체를 한 행위는 컴퓨터 등 사용사기죄에서 컴퓨터 등 정보처리장치에 권한 없이 정보를 입력하여 정보처리를 하게 한 행위에 해당함은 별론으로 하고 이를 절취행위라고 볼 수는 없고, 한편 위 계좌이체 후 현금지급기에서 현금을 인출한 행위는 자신의 신용카드나 현금카드를 이용한 것이어서 이러한 현금인출이 현금지급기 관리자의 의사에 반한다고 볼 수 없어 절취행위에 해당하지 않으므로 절도죄를 구성하지 않는다(대판 2008.6.12. 2008도2440).

④ (×) 비록 피고인이 식당 건물에서 퇴거하기는 하였으나, 냉장고의 전원을 연결한 채 그대로 둔 이상 그 부분에 대한 점유·관리는 그대로 보유하고 있었다고 보아야 하며, 피고인이 냉장고를 통하여 전기를 계속 사용하였다고 하더라도 이는 당초부터 자기의 점유·관리 하에 있던 전기를 사용한 것에 불과하고, 타인의 점유·관리 하에 있던 전기를 사용한 것이라고 할 수는 없으므로 피고인에게 설노의 범의가 있었다고도 할 수 없다(대판 2008.7.10. 2008도3252).

16
정답 ①

① (×) 회사에 대하여 개인적인 채권을 가지고 있는 대표이사가 회사를 위하여 보관하고 있는 회사 소유의 금전으로 자신의 채권 변제에 충당하는 행위는 회사와 이사의 이해가 충돌하는 자기거래행위에 해당하지 않는 것이므로, 대표이사가 이사회의 승인 등의 절차 없이 그와 같이 자신의 회사에 대한 채권을 변제하였더라도, 이는 대표이사의 권한 내에서 한 회사 채무의 이행행위로서 유효하고, 따라서 불법영득의 의사가 인정되지 아니하여 횡령죄의 죄책을 물을 수 없다(대판 2002.7.26. 2001도5459).

② (○) 소유권의 취득에 등록이 필요한 타인 소유의 차량을 인도받아 보관하고 있는 사람이 이를 사실상 처분하면 횡령죄가 성립하며, 보관 위임자나 보관자가 차량의 등록명의자일 필요는 없다. 그리고 이와 같은 법리는 지입 회사에 소유권이 있는 차량에 대하여 지입회사에서 운행관리권을 위임받은 지입차주가 지입회사의 승낙 없이 보관 중인 차량을 사실상 처분하거나 지입차주에게서 차량 보관을 위임받은 사람이 지입차주의 승낙 없이 보관 중인 차량을 사실상 처분한 경우에도 마찬가지로 적용된다(대판 2015.6.25. 2015도1944 전원합의체).

③ (○) 포주가 윤락녀와 사이에 윤락녀가 받은 화대를 포주가 보관하였다가 절반씩 분배하기로 약정하고도 보관중인 화대를 임의로 소비한 경우, 포주와 윤락녀의 사회적 지위, 약정에 이르게 된 경위와 약정의 구체적 내용, 급여의 성격 등을 종합해 볼 때 포주의 불법성이 윤락녀의 불법성보다 현저히 크므로 화대의 소유권이 여전히 윤락녀에게 속한다는 이유로 횡령죄를 구성한다(대판 1999.9.17. 98도2036).

④ (○) 대판 1985.8.13. 85도1230

17
정답 ②

① (○) 형법 제357조 제1항의 배임수재죄로 처벌하기 위하여는 타인의 사무를 처리하는 자가 부정한 청탁을 받아들이고 이에 대한 대가로서 재물 또는 재산상의 이익을 받은 데에 대한 범의가 있어야 할 것이고, 또 배임수재죄에서 말하는 '재산상의 이익의 취득'이라 함은 현실적인 취득만을 의미하므로 단순한 요구 또는 약속만을 한 경우에는 이에 포함되지 아니한다(대판 1999.1.29. 98도4182).

② (×) 배임수재죄에서 '부정한 청탁'은 반드시 업무상 배임의 내용이 되는 정도에 이를 필요는 없고, 사회상규 또는 신의성실의 원칙에 반하는 것을 내용으로 하면 충분하다(대판 2021.9.30. 2019도17102).

③ (○) 보도의 대상이 되는 사 언론사 소속 기사에게 소위 '유료 기사' 게재를 청탁하는 행위는 사실상 '광고'를 '언론 보도'인 것처럼 가장하여 달라는 것으로서 언론 보도의 공정성 및 객관성에 대한 공공의 신뢰를 저버리는 것이므로, 배임수재죄의 부정한 청탁에 해당한다. 설령 '유료 기사'의 내용이 객관적 사실과 부합하더라도, 언론 보도를 금전적 거래의 대상으로 삼은 이상 그 자체로 부정한 청탁에 해당한다(대판 2021.9.30. 2019도17102).

④ (○) 형법 제357조 제1항 참조

> **제357조(배임수증재)**
> ① 타인의 사무를 처리하는 자가 그 임무에 관하여 부정한 청탁을 받고 재물 또는 재산상의 이익을 취득하거나 제3자로 하여금 이를 취득하게 한 때에는 5년 이하의 징역 또는 1천만원 이하의 벌금에 처한다.

18
정답 ②

① (×) [1] 공문서변조죄는 권한 없는 자가 공무소 또는 공무원이 이미 작성한 문서내용에 대하여 동일성을 해하지 않을 정도로 변경을 가하여 새로운 증명력을 작출케 함으로써 공공적 신용을 해할 위험성이 있을 때 성립한다. 이때 일반인으로 하여금 공무원 또는 공무소의 권한 내에서 작성된 문서라고 믿을 수 있는 형식과 외관을 구비한 문서를 작성하면 공문서변조죄가 성립한다.
[2] 피고인이 인터넷을 통하여 열람·출력한 등기사항전부증명서 하단의 열람 일시 부분을 수정 테이프로 지우고 복사해 두었다가 이를 타인에게 교부하여 공문서변조 및 변조공문서행사로 기소된 사안에서, 등기사항전부증명서의 열람 일시는 등기부상 권리관계의 기준 일시를 나타내는 역할을 하는 것으로서 권리관계나 사실관계의 증명에서 중요한 부분에 해당하고, 열람 일시의 기재가 있어 그 일시를 기준으로 한 부동산의 권리관계를 증명하는 등기사항전부증명서와 열람 일시의 기재가 없어 부동산의 권리관계를 증명하는 기준 시점이 표시되지 않은 등기사항전부증명서 사이에는 증명하는 사실이나 증명력에 분명한 차이가 있는 점, 법률가나 관련 분야의 전문가가 아닌 평균인 수준의 사리분별력을 갖는 일반인의 관점에서 볼 때 그 등기사항전부증명서가 조금만 주의를 기울여 살펴보기만 해도 그 열람 일시가 삭제된 것임을 쉽게 알아볼 수 있을 정도로 공문서로서의 형식과 외관을 갖추지 못했다고 보기 어려운 점을 종합하면, 피고인이 등기사항전부증명서의 열람 일시를 삭제하여 복사한 행위는 등기사항전부증명서가 나타내는 권리·사실관계와 다른 새로운 증명력을 가진 문서를 만든 것에 해당하고 그로 인하여 공공적 신용을 해할 위험성도 발생하였으므로 공문서변조죄에 해당한다(대판 2021.2.25. 2018도19043).

② (○) 문서위조죄는 문서의 진정에 대한 공공의 신용을 그 보호법익으로 하는 것이므로, 피고인이 위조하였다는 국제운전면허증이 그 유효기간을 경과하여 본래의 용법에 따라 사용할 수는 없게 되었다고 하더라도, 이를 행사하는 경우 그 상대방이 유효기간을 쉽게 알 수 없도록 되어 있거나 위 문서 자체가 진정하게 작성된 것으로서 피고인이 명의자로부터 국제운전면허를 받은 것으로 오신하기에 충분한 정도의 형식과 외관을 갖추고 있다면 피고인의 행위는 문서위조죄에 해당한다(대판 1998.4.10. 98도164).

③ (×) 문서위조죄는 명의인이 실재하지 않는 허무인이거나 또는 문서의 작성일자 전에 이미 사망하였다고 하더라도 그러한 문서 역시 공공의 신용을 해할 위험성이 있으므로 공문서와 사문서를 가리지 아니하고 문서위조죄가 성립하고, 이는 법률적, 사회적으로 자연인과 같이 활동하는 법인 또는 단체에 대해서도 마찬가지이다(대판 2005.3.25. 2003도4943).

④ (×) 형법 제238조의 공기호는 해당 부호를 공무원 또는 공무소가 사용하는 것만으로는 부족하고, 그 부호를 통하여 증명을 하는 사항이 구체적으로 특정되어 있고 해당 사항은 그 부호에 의하여 증명이 이루어질 것이 요구된다. 위 주차표지판에 사용된 검찰 업무표장은 검찰수사, 공판, 형의 집행부터 대외 홍보 등 검찰청의 업무 전반 또는 검찰청 업무와의 관련성을 나타내기 위한 것으로 보일 뿐, 이것이 부착된 차량은 '검찰 공무수행 차량'이라는 것을 증명하는 기능이 있다는 등 이를 통하여 증명을 하는 사항이 구체적으로 특정되어 있다거나 그 사항이 이러한 검찰 업무표장에 의하여 증명된다고 볼 근거가 없고, 일반인들이 위 각 표지판이 부착된 차량을 '검찰 공무수행 차량'으로 오인할 수 있다고 해도 위 각 검찰 업무표장이 위와 같은 증명적 기능을 갖추지 못한 이상, 이를 공기호라고 볼 수 없다(대판 2024.1.4. 2023도11313).

19
정답 ①

① (×) 신체의 노출행위가 있었다고 하더라도 그 일시와 장소, 노출 부위, 노출 방법·정도, 노출 동기·경위 등 구체적 사정에 비추어, 그것이 일반 보통인의 성욕을 자극하여 성적 흥분을 유발하고 정상적인 성적 수치심을 해하는 것이 아니라 단순히 다른 사람에게 부끄러운 느낌이나 불쾌감을 주는 정도에 불과하다고 인정되는 경우 그와 같은 행위는 경범죄처벌법 제1조 제41호에 해당할지언정, 형법 제245조의 음란행위에 해당한다고 할 수 없다(대판 2004.3.12. 2003도6514).

② (○) 형법 제245조 소정의 '음란한 행위'라 함은 일반 보통인의 성욕을 자극하여 성적 흥분을 유발하고 정상적인 성적 수치심을 해하여 성적 도의관념에 반하는 것을 가리킨다고 할 것이고, 위 죄는 주관적으로 성욕의 흥분 또는 만족 등의 성적인 목적이 있어야 성립하는 것은 아니지만 그 행위의 음란성에 대한 의미의 인식이 있으면 족하다고 할 것인바, 피고인이 불특정 또는 다수인이 알 수 있는 상태에서 옷을 모두 벗고 알몸이 되어 성기를 노출하였다면, 그 행위는 일반적으로 보통인의 정상적인 성적 수치심을 해하여 성적 도의관념에 반하는 음란한 행위라고 할 것이고, 또 피고인이 승용차를 손괴하거나 타인에게 상해를 가하는 등의 행패를 부리던 중 경찰관이 이를 제지하려고 하자 이에 대항하여 위와 같은 행위를 한 데에는 피고인이 알몸이 되어 성기를 드러내어 보이는 것이 타인의 정상적인 성적 수치심을 해하는 음란한 행위라는 인식도 있었다고 보아야 할 것이다(대판 2000.12.22. 2000도4372).

③ (○) 대판 2019.1.10. 2016도8783

④ (○) 대판 2003.7.8. 2001도1335

20 정답 ②

① (○) 대판 2009.6.25. 2009도3505
② (×) 수사기관이 범죄사건을 수사함에 있어서는 피의자나 참고인의 진술 여하에 불구하고 피의자를 확정하고 그 피의사실을 인정할 만한 객관적인 제반 증거를 수집·조사하여야 할 권리와 의무가 있는 것이므로, 피의자나 참고인이 수사기관에 대하여 허위사실을 진술하거나 허위의 증거를 제출하였다 하더라도, 수사기관이 충분한 수사를 하지 아니한 채 이와 같은 허위의 진술과 증거만으로 잘못된 결론을 내렸다면, 이는 수사기관의 불충분한 수사에 의한 것으로서 피의자 등의 위계에 의하여 수사가 방해되었다고 볼 수 없어 위계에 의한 공무집행방해죄가 성립된다고 할 수 없다(대판 2003.7.25. 2003도1609).
③ (○) 음주운전을 하다가 교통사고를 야기한 후 그 형사처벌을 면하기 위하여 타인의 혈액을 자신의 혈액인 것처럼 교통사고 조사 경찰관에게 제출하여 감정하도록 한 경우, 수사기관의 착오를 이용하여 적극적으로 피의사실에 관한 증거를 조작한 것으로서 위계에 의한 공무집행방해죄가 성립한다(대판 2003.7.25. 2003도1609).
④ (○) 위계에 의한 공무집행방해죄에서 '위계'라 함은 행위자의 행위목적을 이루기 위하여 상대방에게 오인, 착각, 부지를 일으키게 하여 그 오인, 착각, 부지를 이용하는 것으로서, 상대방이 이에 따라 그릇된 행위나 처분을 하여야만 위 죄가 성립한다. 만약 그러한 행위가 구체적인 직무집행을 저지하거나 현실적으로 곤란하게 하는 데까지는 이르지 않은 경우에는 위계에 의한 공무집행방해죄로 처벌할 수 없다(대판 2015.2.26. 2013도13217).

제4회 동형모의고사

01	①	02	①	03	③	04	②	05	②
06	②	07	④	08	②	09	④	10	③
11	④	12	③	13	②	14	①	15	④
16	①	17	④	18	④	19	④	20	④

01
정답 ①

① (×) 부작위가 작위와 동등한 것으로 평가되기 위해서는 작위의무자의 부작위이어야 하고 부작위가 작위와 동등한 것으로 평가될 수 있어야 한다.
② (○) 대판 1996.9.6. 95도2551
③ (○) 보증인 지위는 구성요건요소, 보증인 의무는 위법성요소로 구별하는 이원설에 따르면, 보증인 지위에 대한 착오는 구성요건착오가 되고, 보증인 의무에 대한 착오는 금지착오가 된다.
④ (○) 부작위가 형법적으로 부작위로서의 의미를 가지기 위해서는 보호법익의 주체에게 해당 구성요건적 결과발생의 위험이 있는 상황에서 행위자가 구성요건의 실현을 회피하기 위하여 요구되는 행위를 현실적·물리적으로 행할 수 있었음에도 하지 아니하였다고 평가될 수 있어야 한다(대판 2015.11.12. 2015도6809 전원합의체).

02
정답 ①

① (×) 추정적 승낙이란 피해자의 현실적인 승낙이 없었다고 하더라도 행위 당시의 모든 객관적 사정에 비추어 볼 때 만일 피해자가 행위의 내용을 알았더라면 당연히 승낙하였을 것으로 예견되는 경우를 말한다(대판 2006.3.24. 2005도8081).
② (○) 대판 2011.9.29. 2010도14587
③ (○) 대판 1989.9.12. 89도889
④ (○) 피고인이 행사할 목적으로 권한 없이 甲은행 발행의 피고인 명의 예금통장 기장내용 중 특정 일자에 乙주식회사로부터 지급받은 월급여의 입금자 부분을 화이트테이프로 지우고 복사하여 통장 1매를 변조한 후 그 통장 사본을 법원에 증거로 제출하여 행사하였다는 내용으로 기소된 사안에서, 관련 민사소송에서 피고인이 언제부터 乙회사에서 급여를 받았는지가 중요한 사항이었는데 2006.4.25.자 입금자 명의를 가리고 복사하여 이를 증거로 제출함으로써 2006.5.25.부터 乙회사에서 급여를 수령하였다는 새로운 증명력이 작출되었으므로 공공적 신용을 해할 위험성이 있었다고 볼 수 있고, 제반 사정을 종합할 때 통장 명의자인 甲은행장이 행위 당시 그러한 사실을 알았다면 이를 당연히 승낙했을 것으로 추정된다고 볼 수 없다(대판 2011.9.29. 2010도14587).

03
정답 ③

ㄱ, ㄴ, ㄹ 항목이 옳다.
ㄱ. (○) 원인에 있어서 자유로운 행위의 가벌성의 근거를 원인설정행위와 실행행위의 불가분적 관련에서 찾는 견해(예외설 또는 책임해결모델)는 원인행위는 실행행위가 될 수 없고 책임능력 결함 상태하에서의 구성요건 실현행위를 실행행위로 파악하면서도, 책임비난의 근거를 실행행위와 불가분적 관련을 맺고 있는 원인설정행위에서 찾는 견해이다. 이 견해에 의하면 원인에 있어 자유로운 행위에 있어서 행위와 책임의 동시존재의 원칙은 예외가 된다.
ㄴ. (○) 대판 2007.5.11. 2006도1993
ㄷ. (×) 증인으로 선서한 이상 진실대로 진술한다고 하면 자신의 범죄를 시인하는 진술을 하는 것이 되고 증언을 거부하는 것은 자기의 범죄를 암시하는 것이 되어 증인에게 사실대로의 진술을 기대할 수 없다고 하더라도 형사소송법상 이러한 처지의 증인에게는 증언을 거부할 수 있는 권리를 인정하여 위증죄로부터의 탈출구를 마련하고 있는 만큼 적법행위의 기대 가능성이 없다고 할 수 없으므로 선서한 증인이 증언거부권을 포기하고 허위의 진술을 하였다면 위증죄의 처벌을 면할 수 없다(대판 1987.7.7. 86도1724).
ㄹ. (○) 대판 2015.2.12. 2014도11501

04
정답 ②

설문은 구체적 사실의 착오 중 객체의 착오 및 객관적 정당화요소(정당방위상황)는 존재하지만 주관적 정당화요소(방위의사)가 없는 우연방위에 해당한다.
① (×) 구체적 사실의 착오 중 객체의 착오에 해당하는 사례로 구체적 부합설에 따를 경우 고의가 전용되므로 B에 대한 상해죄가 성립한다.
② (○) 객관적 정당화요소(정당방위상황)는 있으므로 결과반가치는 사라지지만 방위의사가 없으므로 행위반가치는 존재한다. 불능미수범규정을 유추적용하자는 견해에 의할 경우 甲의 행위는 상해죄의 불능미수가 된다.
③ (×) 주관적 정당화요소가 필요하지 않다는 판례에 따를 경우 정당방위상황이 있으므로 위법성이 조각되어 상해죄가 성립하지 않는다.
④ (×) 설문은 우연방위 사례이다.

05
정답 ②

① (×) 강도예비·음모죄가 성립하기 위해서는 행위자에게 미필적으로라도 강도를 할 목적이 있어야 하고 단순히 준강도할 목적만 있는 경우에는 강도예비·음모죄로 처벌할 수 없다(대판 2006.9.14. 2004도6432).
② (○) 중지범은 범죄의 실행에 착수한 후 자의로 그 행위를 중지한 때를 말하는 것이므로 실행의 착수가 있기 전인 예비음모의 행위를 처벌하는 경우에 있어서는 중지범의 관념을 인정할 수 없다(대판 1999.4.9. 99도424).

③ (×) 판례는 예비죄의 공동정범의 성립은 인정하나, 예비죄의 종범의 성립은 부정한다(대판 1976.5.25. 75도1549).
④ (×) 살인예비죄가 성립하기 위하여는 살인죄를 범할 목적 외에도 살인의 준비에 관한 고의가 있어야 하며, 나아가 실행의 착수까지에는 이르지 아니하는 살인죄의 실현을 위한 준비행위가 있어야 한다. 여기서의 준비행위는 물적인 것에 한정되지 아니하며 특별한 정형이 있는 것도 아니지만, 단순히 범행의 의사 또는 계획만으로는 그것이 있다고 할 수 없고 객관적으로 보아서 살인죄의 실현에 실질적으로 기여할 수 있는 외적 행위를 필요로 한다(대판 2009. 10.29. 2009도7150).

06
정답 ②

① (○) 중지미수의 객관적 요건은 실행의 착수와 실행의 중지(착수미수) 또는 결과의 방지(실행미수)인데, 착수미수에서는 실행행위를 중지하면 바로 중지미수가 되지만, 실행미수가 중지범으로 인정되기 위해서는 단순히 행위의 계속을 포기하는 것으로 족하지 않고 행위자가 자의에 의하여 결과의 발생을 방지할 것이 요구된다. 위 사안에서 피해자가 수술한 지 얼마 안되어 배가 아프다면서 애원하는 바람에 그 뜻을 이루지 못하였다면, 이는 일반의 경험상 강간행위를 수행함에 장애가 되는 외부적 사정에 의하여 범행을 중지한 것에 지나지 않는 것으로서 중지범의 요건인 자의성을 결여하였다(대판 1992.7.23. 92도917).
② (×) ③ (○) 甲이 대마초를 피운 것은 살해하고자 용기를 얻기 위한 것이다. 따라서 살인행위에 대해서는 제10조 제3항(원인에 있어서 자유로운 행위)가 적용되므로 형을 감경할 수 없지만, 가방절취행위에 대해서는 제10조 제3항(원인에 있어서 자유로운 행위)가 적용되지 않으므로 형을 감경할 수 있다.
④ (○) 피고인이 피해자를 살해하려고 그의 목 부위와 왼쪽 가슴 부위를 칼로 수 회 찔렀으나 피해자의 가슴 부위에서 많은 피가 흘러나오는 것을 발견하고 겁을 먹고 그만 두는 바람에 미수에 그친 것이라면, 중지미수에 해당하지 않는다(대판 1999.4.13. 99도640).

07
정답 ④

모든 항목이 옳지 않다.
ㄱ. (×) 형법 제32조 제1항 소정 타인의 범죄란 정범이 범죄의 실현에 착수한 경우를 말하는 것이므로 종범이 처벌되기 위하여는 정범의 실행의 착수가 있는 경우에만 가능하고 형법 전체의 정신에 비추어 정범이 실행의 착수에 이르지 아니한 예비의 단계에 그친 경우에는 이에 가공하는 행위가 예비의 공동정범이 되는 경우를 제외하고는 종범의 성립을 부정하고 있다고 보는 것이 타당하다(대판 1976.5.25. 75도1549).
ㄴ. (×) 타인의 사망을 보험사고로 하는 생명보험계약을 체결함에 있어 제3자가 피보험자인 것처럼 가장하여 체결하는 등으로 그 유효요건이 갖추어지지 못한 경우에도, 보험계약 체결 당시에 이미 보험사고가 발생하였음에도 이를 숨겼다거나 보험사고의 구체적 발생 가능성을 예견할 만한 사정을 인식하고 있었던 경우 또는 고의로 보험사고를 일으키려는 의도를 가지고 보험계약을 체결한 경우와 같이 보험사고의 우연성과 같은 보험의 본질을 해칠 정도라고 볼 수 있는 특별한 사정이 없는 한, 그와 같이 하자 있는 보험계약을 체결한 행위만으로는 미필적으로라도 보험금을 편취하려는 의사에 의한 기망행위의 실행에 착수한 것으로 볼 것은 아니다. 그러므로 그와 같이 기망행위의 실행의 착수로 인정할 수 없는 경우에 피보험자 본인임을 가장하는 등으로 보험계약을 체결한 행위는 단지 장차의 보험금 편취를 위한 예비행위에 지나지 않는다(대판 2013. 11. 14. 2013도7494). 즉, 설문은 고의로 보험사고를 일으키려는 의도를 가지고 보험계약을 체결하는 경우이므로 甲의 행위는 보험사기의 예비행위에 해당하지 않는다.
ㄷ. (×) 강제추행죄는 예비죄의 처벌규정이 없다.
ㄹ. (×) 중지범은 범죄의 실행에 착수한 후 자의로 그 행위를 중지한 때를 말하는 것이므로 실행의 착수가 있기 전인 예비음모의 행위를 처벌하는 경우에 있어서는 중지범의 관념을 인정할 수 없다(대판 1999.4.9. 99도424). 판례는 예비의 중지에 관해 형법 제26조 중지미수 규정의 유추적용을 부정한다.

08
정답 ②

① (○) 범죄 후 법률이 변경되어 그 행위가 범죄를 구성하지 아니하게 되거나 형이 구법보다 가벼워진 경우에는 신법에 따라야 하고(형법 제1조 제2항), 범죄 후의 법령 개폐로 형이 폐지되었을 때는 판결로써 면소의 선고를 하여야 한다(형사소송법 제326조 제4호). 이러한 형법 제1조 제2항과 형사소송법 제326조 제4호의 규정은 입법자가 법령의 변경 이후에도 종전 법령 위반행위에 대한 형사처벌을 유지한다는 내용의 경과규정을 따로 두지 않는 한 그대로 적용되어야 한다. 따라서 범죄의 성립과 처벌에 관하여 규정한 형벌법규 자체 또는 그로부터 수권 내지 위임을 받은 법령의 변경에 따라 범죄를 구성하지 아니하게 되거나 형이 가벼워진 경우에는, 종전 법령이 범죄로 정하여 처벌한 것이 부당하였다거나 과형이 과중하였다는 반성적 고려에 따라 변경된 것인지 여부를 따지지 않고 원칙적으로 형법 제1조 제2항과 형사소송법 제326조 제4호가 적용된다(대판 2022. 12.22. 2020도16420 전원합의체).
② (×) 법령 제정 당시부터 또는 폐지 이전에 스스로 유효기간을 구체적인 일자나 기간으로 특정하여 효력의 상실을 예정하고 있던 법령이 그 유효기간을 경과함으로써 더 이상 효력을 갖지 않게 된 경우도 형법 제1조 제2항과 형사소송법 제326조 제4호의 적용 대상인 법령의 변경에 해당한다고 볼 수 없다(대판 2022.12.22. 2020도16420 전원합의체).
③ (○) 해당 형벌법규 자체 또는 그로부터 수권 내지 위임을

받은 법령이 아닌 다른 법령이 변경된 경우 형법 제1조 제2항과 형사소송법 제326조 제4호를 적용하려면, 해당 형벌법규에 따른 범죄의 성립 및 처벌과 직접적으로 관련된 형사법적 관점의 변화를 주된 근거로 하는 법령의 변경에 해당하여야 하므로, 이와 관련이 없는 법령의 변경으로 인하여 해당 형벌법규의 가벌성에 영향을 미치게 되는 경우에는 형법 제1조 제2항과 형사소송법 제326조 제4호가 적용되지 않는다(대판 2022.12.22. 2020도16420 전원합의체).

④ (○) 대판 2022.12.22. 2020도16420 전원합의체

09
정답 ④

① (×) 전자기록은 일정한 저장매체에 전자방식이나 자기방식에 의하여 저장된 기록으로서 저장매체를 매개로 존재하는 물건이므로 형법 제48조 제1항 각 호의 사유가 있는 때에는 이를 몰수할 수 있다(대판 2017.10.23. 2017도5905).

② (×) 은행 계좌로 송금 받는 방법으로 범행의 보수를 받는 경우 피고인은 은행에 대한 예금채권을 취득할 뿐이어서 이를 형법 제48조 제1항 각 호의 '물건'에 해당한다고 보기는 어렵다. 따라서 피고인이 계좌송금을 통해 취득한 범행의 보수는 형법 제48조 제1항 제2호, 제2항이 규정한 추징의 대상에 해당하지 아니한다(대판 2023.1.12. 2020도2154).

③ (×) 피고인이 음란물유포 인터넷사이트를 운영하면서 정보통신망 이용촉진 및 정보보호 등에 관한 법률 위반(음란물유포)죄와 도박개장방조죄에 의하여 비트코인(Bitcoin)을 취득한 사안에서, 피고인의 정보통신망 이용촉진 및 정보보호 등에 관한 법률 위반(음란물유포)죄와 도박개장방조죄는 범죄수익은닉의 규제 및 처벌 등에 관한 법률에 정한 중대범죄에 해당하며, 비트코인은 재산적 가치가 있는 무형의 재산이라고 보아야 하고, 몰수의 대상인 비트코인이 특정되어 있다는 이유로, 피고인이 취득한 비트코인을 몰수할 수 있다(대판 2018.5.30. 2018도3619).

④ (○) 피고인이 웹사이트를 개설한 후 음란 사이트 링크배너와 도박 사이트 홍보배너를 게시하는 등의 방식으로 이를 운영하다가 성명불상자에게 위 웹사이트를 5,000만 원에 매각한 경우, 이 사건 웹사이트는 이 사건 각 범죄행위에 제공된 무형의 재산에 해당할 뿐 형법 제48조 제1항 제2호에서 정한 '범죄행위로 인하여 생(生)하였거나 이로 인하여 취득한 물건'에 해당하지 않으므로 피고인이 이 사건 웹사이트 매각을 통해 취득한 대가는 형법 제48조 제1항 제2호, 제2항이 규정한 추징의 대상에 해당하지 않는다(대판 2021.10.14. 2021도7168).

10
정답 ③

① (○) 집행유예기간 중에 범한 죄에 대하여 형을 선고할 때에, 집행유예의 결격사유를 정하는 현행 형법 제62조 제1항 단서 소정의 요건에 해당하는 경우란, 이미 집행유예가 실효 또는 취소된 경우와 그 선고 시점에 미처 유예기간이 경과하지 아니하여 형 선고의 효력이 실효되지 아니한 채로 남아 있는 경우로 국한되고, 집행유예가 실효 또는 취소됨이 없이 유예기간을 경과한 때에는 위 단서 소정의 요건에 해당하지 않으므로, 집행유예기간 중에 범한 범죄라고 할지라도 집행유예가 실효 또는 취소됨이 없이 그 유예기간이 경과한 경우에는 이에 대해 다시 집행유예의 선고가 가능하다(대판 2007.7.27. 2007도768).

② (○) 형법 제62조의2 제1항은 "형의 집행을 유예하는 경우에는 보호관찰을 받을 것을 명하거나 사회봉사 또는 수강을 명할 수 있다."고 규정하고 있는바, 그 문리에 따르면, 보호관찰과 사회봉사는 각각 독립하여 명할 수 있다는 것이지, 반드시 그 양자를 동시에 명할 수 없다는 취지로 해석할 것은 아니다(대판 1998.4.24. 98도98).

③ (×) 재벌그룹 회장의 횡령행위 등에 대하여 집행유예를 선고하면서 사회봉사명령으로서 일정액의 금전출연을 주된 내용으로 하는 사회공헌계획의 성실한 이행을 명하는 것은 시간 단위로 부과될 수 있는 일 또는 근로활동이 아닌 것을 명하는 것이어서 허용될 수 없고, 준법경영을 주제로 하는 강연과 기고를 명하는 것은 헌법상 양심의 자유 등에 대한 심각하고 중대한 침해가능성, 사회봉사명령의 의미나 내용에 대한 다툼의 여지 등의 문제가 있어 허용될 수 없다(대판 2008.4.11. 2007도8373).

④ (○) 형법 제37조 후단의 경합범 관계에 있는 죄에 대하여 형법 제39조 제1항에 의하여 따로 형을 선고하여야 하기 때문에 하나의 판결로 두 개의 자유형을 선고하는 경우 그 두 개의 자유형은 각각 별개의 형이므로 형법 제62조 제1항에 정한 집행유예의 요건에 해당하면 그 각 자유형에 대하여 각각 집행유예를 선고할 수 있는 것이고, 또 그 두 개의 자유형 중 하나의 자유형에 대하여 실형을 선고하면서 다른 자유형에 대하여 집행유예를 선고하는 것도 우리 형법상 이러한 조치를 금하는 명문의 규정이 없는 이상 허용되는 것으로 보아야 한다(대판 2002.2.26. 2000도4637).

11
정답 ④

① (○) 강제추행죄의 범죄구성요건과 보호법익, 종래의 판례 법리의 문제점, 성폭력범죄에 대한 사회적 인식, 판례 법리와 재판 실무의 변화에 따라 해석기준을 명확히 할 필요성 등에 비추어 강제추행죄의 '폭행 또는 협박'의 의미는 다시 정의될 필요가 있다. 강제추행죄의 '폭행 또는 협박'은 상대방의 항거를 곤란하게 할 정도로 강력할 것이 요구되지 아니하고, 상대방의 신체에 대하여 불법한 유형력을 행사(폭행)하거나 일반적으로 보아 상대방으로 하여금 공포심을 일으킬 수 있는 정도의 해악을 고지(협박)하는 것이라고 보아야 한다(대판 2023.9.21. 2018도13877).

② (○) 대판 2023.9.21. 2018도13877

③ (○) 대판 2021.2.4. 2018도9781

④ (×) 강제추행죄는 사람의 성적 자유 내지 성적 자기결정의 자유를 보호하기 위한 죄로서 정범 자신이 직접 범죄를 실행하여야 성립하는 자수범이라고 볼 수 없으므로, 처벌

되지 아니하는 타인을 도구로 삼아 피해자를 강제로 추행하는 간접정범의 형태로도 범할 수 있다. 여기서 강제추행에 관한 간접정범의 의사를 실현하는 도구로서의 타인에는 피해자도 포함될 수 있으므로, 피해자를 도구로 삼아 피해자의 신체를 이용하여 추행행위를 한 경우에도 강제추행죄의 간접정범에 해당할 수 있다(대판 2018.2.8. 2016도17733).

12 정답 ③

ㄴ, ㄹ, ㅁ 항목이 옳다.
ㄱ. (×) 위 지문은 일부 대법관의 반대의견이다.
  대법원 판례는 명예훼손죄의 구성요건으로서 공연성에 관하여 '불특정 또는 다수인이 인식할 수 있는 상태'를 의미한다고 밝혀 왔고, 이는 학계의 일반적인 견해이기도 하다(대판 2020.11.19. 2020도5813 전원합의체).
ㄴ. (○) 대판 2023.2.2. 2022도13425
ㄷ. (×) 객관적으로 피해자의 사회적 평가를 저하시키는 사실에 관한 발언이 보도, 소문이나 제3자의 말을 인용하는 방법으로 단정적인 표현이 아닌 전문 또는 추측의 형태로 표현되었더라도, 표현 전체의 취지로 보아 사실이 존재할 수 있다는 것을 암시하는 방식으로 이루어진 경우에는 사실을 적시한 것으로 보아야 한다(대판 2021.3.25. 2016도14995).
ㄹ. (○) 대판 2020.3.2. 2018도15868
ㅁ. (○) 대법원은 명예훼손죄의 공연성에 관하여 개별적으로 소수의 사람에게 사실을 적시하였더라도 그 상대방이 불특정 또는 다수인에게 적시된 사실을 전파할 가능성이 있는 때에는 공연성이 인정된다고 일관되게 판시하여, 이른바 전파가능성 이론은 공연성에 관한 확립된 법리로 정착되었다. 이러한 법리는 정보통신망 이용촉진 및 정보보호 등에 관한 법률상 정보통신망을 이용한 명예훼손이나 공직선거법상 후보자비방죄 등의 공연성 판단에도 동일하게 적용된다(대판 2020.11.19. 2020도5813 전원합의체).

13 정답 ②

① (○) 자기에게 유리한 판결을 얻기 위하여 소송상의 주장이 사실과 다름이 객관적으로 명백하거나 증거가 조작되어 있다는 정을 인식하지 못하는 제3자를 이용하여 그로 하여금 소송의 당사자가 되게 하고 법원을 기망하여 소송 상대방의 재물 또는 재산상 이익을 취득하려 하였다면 간접정범의 형태에 의한 소송사기죄가 성립하게 된다(대판 2007.9.6. 2006도3591).
② (×) 사기죄는 타인을 기망하여 그로 인한 하자 있는 의사에 기하여 재물의 교부를 받거나 재산상의 이득을 취득함으로써 성립되는 범죄로서 그 본질은 기망행위에 의한 재산이나 재산상 이익의 취득에 있는 것이고 상대방에게 현실적으로 재산상 손해가 발생함을 요건으로 하지 아니한다(대판 1985.11.26. 85도490).

③ (○) 타인의 명의를 모용하여 발급받은 신용카드의 번호와 그 비밀번호를 이용하여 ARS 전화서비스나 인터넷 등을 통하여 신용대출을 받는 방법으로 재산상 이익을 취득하는 행위 역시 미리 포괄적으로 허용된 행위가 아닌 이상, 컴퓨터 등 정보처리장치에 권한 없이 정보를 입력하여 정보처리를 하게 함으로써 재산상 이익을 취득하는 행위로서 컴퓨터 등 사용사기죄에 해당한다(대판 2006.7.27. 2006도3126).
④ (○) 특정 질병을 앓고 있는 사람이 보험회사가 정한 약관에 그 질병에 대한 고지의무를 규정하고 있음을 알면서도 이를 고지하지 아니한 채 그 사실을 모르는 보험회사와 그 질병을 담보하는 보험계약을 체결한 다음 바로 그 질병의 발병을 사유로 하여 보험금을 청구한 경우 특별한 사정이 없는 한 사기죄에 있어서의 기망행위 내지 편취의 범의를 인정할 수 있다(대판 2007.4.12. 2007도967).

14 정답 ①

① (×) 동업자 사이에 손익분배 정산이 되지 아니하였다면 동업자 한 사람이 임의로 동업자들의 합유에 속하는 동업재산을 처분할 권한이 없는 것이므로, 동업자 한 사람이 동업재산을 보관 중 임의로 횡령하였다면 지분비율에 관계없이 횡령한 금액 전부에 대하여 횡령죄의 죄책을 부담한다(대판 2011.6.10. 2010도17684).
② (○) 송금의뢰인이 다른 사람의 예금계좌에 자금을 송금·이체한 경우 특별한 사정이 없는 한 송금의뢰인과 계좌명의인 사이에 그 원인이 되는 법률관계가 존재하는지 여부에 관계없이 계좌명의인(수취인)과 수취은행 사이에는 그 자금에 대하여 예금계약이 성립하고, 계좌명의인은 수취은행에 대하여 그 금액 상당의 예금채권을 취득한다. 이때 송금의뢰인과 계좌명의인 사이에 송금·이체의 원인이 된 법률관계가 존재하지 않음에도 송금·이체에 의하여 계좌명의인이 그 금액 상당의 예금채권을 취득한 경우 계좌명의인은 송금의뢰인에게 그 금액 상당의 돈을 반환하여야 한다. 이와 같이 계좌명의인이 송금·이체의 원인이 되는 법률관계가 존재하지 않음에도 계좌이체에 의하여 취득한 예금채권 상당의 돈은 송금의뢰인에게 반환하여야 할 성격의 것이므로, 계좌명의인은 그와 같이 송금·이체된 돈에 대하여 송금의뢰인을 위하여 보관하는 지위에 있다고 보아야 한다. 따라서 계좌명의인이 그와 같이 송금·이체된 돈을 그대로 보관하지 않고 영득할 의사로 인출하면 횡령죄가 성립한다(대판 2018.7.19. 2017도17494 전원합의체).
③ (○) 계좌명의인이 사기의 공범이라면 자신이 가담한 범행의 결과 피해금을 보관하게 된 것일 뿐이어서 피해자와 사이에 위탁관계가 없고, 그가 송금·이체된 돈을 인출 하더라도 이는 자신이 저지른 사기범행의 실행행위에 지나지 아니하여 새로운 법익을 침해한다고 볼 수 없으므로 사기죄 외에 별도로 횡령죄를 구성하지는 않는다(대판 2018.7.19. 2017도17494 전원합의체).

④ (○) 금전의 수수를 수반하는 사무처리를 위임받은 자가 그 행위에 기하여 위임자를 위하여 제3자로부터 수령한 금전은, 목적이나 용도를 한정하여 위탁된 금전과 마찬가지로, 달리 특별한 사정이 없는 한 그 수령과 동시에 위임자의 소유에 속하고, <u>위임을 받은 자는 이를 위임자를 위하여 보관하는 관계에 있다고 보아야 하며</u>, 위임받은 자가 그 행위에 기하여 위임자를 위하여 제3자로부터 수령한 금전도 목적이나 용도를 한정하여 위탁된 금전의 경우와 마찬가지로 그 위임의 취지대로 사용하지 않고 마음대로 피고인의 위임자에 대한 채권에 상계충당함은, 상계정산하기로 하였다는 특별한 약정이 없는 한, 당초 위임한 취지에 반하는 것으로서 횡령죄를 구성한다(대판 2007.2.22. 2006도8939).

15 정답 ④

① (○) 대표이사가 대표권을 남용하여 자신의 개인채무에 대하여 회사 명의의 차용증을 작성하여 주었고, 그 상대방도 이와 같은 진의를 알았거나 알 수 있었던 사안에서, <u>무효인 차용증을 작성하여 준 것만으로는 회사에 재산상 손해가 발생하였다거나 재산상 실해 발생의 위험이 초래되었다고 볼 수 없어</u> 업무상배임죄가 성립하지 않는다(대판 2010.5.27. 2010도1490).

② (○) 배임죄에 있어서 손해란 현실적인 손해가 발생한 경우뿐만 아니라 재산상의 위험이 발생된 경우도 포함되므로 피해자와 주택에 대한 전세권설정계약을 맺고 전세금의 중도금까지 지급받고도 임의로 타에 근저당권설정등기를 경료해 줌으로써 전세금반환채무에 대한 담보능력 상실의 위험이 발생되었다고 보여진다면 위 등기 경료행위는 배임죄를 구성한다(대판 1993.9.28. 93도2206).

③ (○) <u>배임죄는 현실적인 재산상 손해액이 확정될 필요까지는 없고 단지 재산상 권리의 실행을 불가능하게 할 염려 있는 상태 또는 손해 발생의 위험이 있는 경우에 바로 성립되는 위태범이므로</u> 피고인이 그 업무상 임무에 위배하여 부당한 외상 거래행위를 함으로써 업무상 배임죄가 성립하는 경우, 담보물의 가치를 초과하여 외상 거래한 금액이나 실제로 회수가 불가능하게 된 외상거래 금액만이 아니라 <u>재산상 권리의 실행이 불가능하게 될 염려가 있거나 손해 발생의 위험이 있는 외상 거래대금 전액을 그 손해액으로 보아야 하고</u>, 그것을 제3자가 취득한 경우에는 그 전액을 특정경제범죄 가중처벌 등에 관한 법률 제3조에 규정된 제3자로 하여금 취득하게 한 재산상 이익의 가액에 해당하는 것으로 보아야 할 것이다(대판 2000.4.11. 99도334).

④ (×) [1] 원인불명으로 재산상 이익인 가상자산을 이체받은 자가 가상자산을 사용·처분한 경우 이를 형사처벌하는 명문의 규정이 없는 현재의 상황에서 착오송금 시 횡령죄 성립을 긍정한 판례를 유추하여 신의칙을 근거로 피고인을 배임죄로 처벌하는 것은 죄형법정주의에 반한다.

[2] 피고인이 알 수 없는 경위로 甲의 특정 거래소 가상지갑에 들어 있던 비트코인을 자신의 계정으로 이체받은 후 이를 자신의 다른 계정으로 이체하여 재산상 이익을 취득하고 甲에게 손해를 가하였다고 하여 특정경제범죄 가중처벌 등에 관한 법률 위반(배임)의 예비적 공소사실로 기소된 사안에서, <u>비트코인이 법률상 원인관계 없이 甲으로부터 피고인 명의의 전자지갑으로 이체되었더라도 피고인이 신임관계에 기초하여 甲의 사무를 맡아 처리하는 것으로 볼 수 없는 이상 甲에 대한 관계에서 '타인의 사무를 처리하는 자'에 해당하지 않는다</u>(대판 2021.12.16. 2020도9789).

16 정답 ①

① (×) 형법 제164조 제2항이 규정하는 현주건조물 방화치사상죄는 제1항에서 규정하는 죄에 대한 일종의 가중처벌규정으로서 불을 놓아 사람의 주거에 사용하거나 사람이 현존하는 건조물을 소훼함으로 인하여 사람을 사상에 이르게 한 때에 성립되며 <u>사망에 이르게 한 경우에는 사형, 무기 또는 7년 이상의 징역의 무거운 법정형을 정하고 있는 취의에 비추어 보면 과실이 있는 경우 뿐만 아니라 고의가 있는 경우도 포함된다고 볼 것이므로</u>, 현주건조물(자동차) 내에 있는 사람을 살해할 목적으로 자동차를 불태운 경우 현주건조물에의 방화죄와 살인죄의 상상적 경합으로 의율할 것은 아니다(대판 1983.1.18. 82도2341).

> **제164조(현주건조물등에의 방화)**
> ① 불을 놓아 사람이 주거로 사용하거나 사람이 현존하는 건조물, 기차, 전차, 자동차, 선박, 항공기 또는 지하채굴시설을 불태운 자는 무기 또는 3년 이상의 징역에 처한다.
> ② 제1항의 죄를 지어 사람을 상해에 이르게 한 경우에는 무기 또는 5년 이상의 징역에 처한다. 사망에 이르게 한 경우에는 사형, 무기 또는 7년 이상의 징역에 처한다.

② (○) 노상에서 전봇대 주변에 놓인 재활용품과 쓰레기 등에 불을 놓아 소훼한 사안에서, 그 재활용품과 쓰레기 등은 '무주물'로서 <u>형법 제167조 제2항에 정한 '자기 소유의 물건'에 준하는 것으로 보아야 하므로</u>, 여기에 불을 붙인 후 불상의 가연물을 집어넣어 그 화염을 키움으로써 전선을 비롯한 주변의 가연물에 손상을 입히거나 바람에 의하여 다른 곳으로 불이 옮아붙을 수 있는 공공의 위험을 발생하게 하였다면, (자기소유)일반물건방화죄가 성립한다(대판 2009.10.15. 2009도7421).

③ (○) [1] 실화죄에 있어서 공동의 과실이 경합되어 화재가 발생한 경우 적어도 각 과실이 화재의 발생에 대하여 하나의 조건이 된 이상은 그 공동적 원인을 제공한 사람들은 <u>각자 실화죄의 책임을 면할 수 없다</u>.

[2] 피고인들이 분리수거장 방향으로 담배꽁초를 던져 버리고 현장을 떠난 후 화재가 발생하여 각각 실화죄로 기소된 사안에서, 피고인들 각자 본인 및 상대방이 버린 담배꽁초 불씨가 살아 있는지를 확인하고 이를 완전히 제거하는 등 화재를 미리 방지할 주의의무가 있음에도 이를 게을리

한 채 만연히 현장을 떠난 과실이 인정되고 이러한 피고인들 각자의 과실이 경합하여 위 화재를 일으켰다고 보아, 피고인들 각자의 실화죄 책임이 인정된다(대판 2023.3.9. 2022도16120).

④ (○) 대판 2002.3.26. 2001도6641

17   정답 ④

① (×) 부동산거래의 거래가액은 투명성을 확보하기 위한 데에 있을 뿐이므로, 부동산등기부에 기재되는 당해 부동산의 권리의무관계에 중요한 의미를 갖는 사항에 해당한다고 볼 수 없다. 따라서 부동산의 거래당사자가 거래가액을 시장 등에게 거짓으로 신고하여 신고필증을 받은 뒤 이를 기초로 사실과 다른 내용의 거래가액이 부동산 등기부에 등재되도록 하였다면, '공인중개사의 업무 및 부동산 거래신고에 관한 법률'에 따른 과태료의 제재를 받게 됨은 별론으로 하고, 형법상의 공전자기록등불실기재죄 및 불실기재공전자기록등행사죄가 성립하지는 아니한다(대판 2013.1.24. 2012도12363).

② (×) 공정증서원본불실기재죄는 공무원에 대하여 허위신고를 함으로써 공정증서원본에 불실의 사실을 기재하게 하는 경우에 성립합니다. 따라서 공정증서원본에 기재된 사항이 부존재하거나 외관상 존재한다고 하더라도 무효에 해당되는 하자가 있다면 그 기재는 불실기재에 해당하는 것이나, 기재된 사항이나 그 원인된 법률행위가 객관적으로 존재하고 다만 거기에 취소사유인 하자가 있을 뿐인 경우 취소되기 전에 공정증서원본에 기재된 이상 그 기재는 공정증서원본의 불실기재에 해당하지는 않는다(대판 2004.9.24. 2004도4012).

③ (×) 인감증명서 발급업무를 담당하는 공무원은 작성권한이 있는 자이고, 그가 허위로 기재하였으므로 허위공문서작성죄를 구성한다(대판 1997.9.11. 97도1082).

④ (○) 형법이 제225조 내지 제230조에서 공문서에 관한 범죄를 규정하고, 이어 제231조 내지 제236조에서 사문서에 관한 범죄를 규정하고 있는 점 등에 비추어 볼 때 형법 제233조 소정의 허위진단서작성죄의 대상은 공무원이 아닌 의사가 사문서로서 진단서를 작성한 경우에 한정되고, 공무원인 의사가 공무소의 명의로 허위진단서를 작성한 경우에는 허위공문서작성죄만이 성립하고 허위진단서작성죄는 별도로 성립하지 않는다(대판 2004.4.9. 2003도7762).

18   정답 ④

① (○) 대판 1997.4.22. 95도748
② (○) [1] 상대방이 공무원이거나 법령에 따라 일정한 공적 임무를 부여받고 있는 공공기관 등의 임직원인 경우에는 법령에 따라 임무를 수행하는 지위에 있으므로 그가 직권에 대응하여 어떠한 일을 한 것이 의무 없는 일인지 여부는 관계 법령 등의 내용에 따라 개별적으로 판단하여야 한다(대판 2020.1.30. 2018도2236 전원합의체).

[2] 직권남용 행위의 상대방이 일반 사인인 경우 특별한 사정이 없는 한 직권에 대응하여 따라야 할 의무가 없으므로 그에게 어떠한 행위를 하게 하였다면 '의무 없는 일을 하게 한 때'에 해당할 수 있다(대판 2020.2.13. 2019도5186).

③ (○) 형법 제126조(피의사실공표)

> **제126조(피의사실공표)**
> 검찰, 경찰 그 밖에 범죄수사에 관한 직무를 수행하는 자 또는 이를 감독하거나 보조하는 자가 그 직무를 수행하면서 알게 된 피의사실을 공소제기 전에 공표(公表)한 경우에는 3년 이하의 징역 또는 5년 이하의 자격정지에 처한다.

④ (×) 대판 2006.5.25. 2003도3945

19   정답 ④

① (×) 형사 피의자와 수사기관이 대립적 위치에서 서로 공격방어를 할 수 있는 취지의 형사소송법의 규정과 법률에 의한 선서를 한 증인이 허위로 진술을 한 경우에 한하여 위증죄가 성립된다는 형법의 규정 취지에 비추어 수사기관이 범죄사건을 수사함에 있어서는 피의자나 피의자로 자처하는 자 또는 참고인의 진술여하에 불구하고 피의자를 확정하고 그 피의사실을 인정할 만한 객관적인 제반증거를 수집 조사하여야 할 권리와 의무가 있는 것이라고 할 것이므로 피의자나 참고인이 아닌 자가 자발적이고 계획적으로 피의자를 가장하여 수사기관에 대하여 허위사실을 진술하였다 하여 바로 이를 위계에 의한 공무집행방해죄가 성립된다고 할 수 없다(대판 1977.2.8. 76도3685).

② (×) 타인의 소변을 마치 자신의 소변인 것처럼 건네주어 필로폰 음성반응이 나오게 한 행위는, 단순히 피의자가 수사기관에 대하여 허위사실을 진술하거나 자신에게 불리한 증거를 은닉하는 데 그친 것이 아니라 수사기관의 착오를 이용하여 적극적으로 피의사실에 관한 증거를 조작한 것이므로 위계에 의한 공무집행방해죄가 성립한다(대판 2007.10.11. 2007도6101).

③ (×) 과속으로 인하여 과속단속카메라에 촬영되더라도 불빛을 반사시켜 차량 번호판이 식별되지 않도록 하는 기능이 있는 이 사건 '파워매직세이퍼'를 차량 번호판에 뿌린 상태로 차량을 운행한 행위만으로는 경찰청의 교통단속업무를 구체적이고 현실적으로 수행하는 경찰공무원에 대하여 그가 충실히 직무를 수행한다고 하더라도 통상적인 업무처리과정 하에서는 사실상 적발이 어려운 위계를 사용하여 그 업무집행을 하지 못하게 한 것이라고 보기 어렵다(대판 2010.4.15. 2007도8024).

④ (○) 피고인이 자신과 동일성을 확인할 수 없도록 변경된 호구부를 중국의 담당관청에서 발급받아 위 대한민국 총영사관에 제출하였으므로, 영사관 담당직원 등이 호구부의 기재를 통하여 피고인의 인적사항 외에 강제출국 전력을 확인하지 못하였더라도, 사증 및 외국인등록증의 발급요건 존부에 대하여 충분한 심사를 한 것으로 보아야 하고, 이러한 경우 행정청의 불충분한 심사가 아니라 출원인의 적극

적인 위계에 의해 사증 및 외국인등록증이 발급되었던 것이므로 위계에 의한 공무집행방해죄가 성립하고, 또한 피고인의 위계행위에 의하여 귀화허가에 관한 공무집행방해 상태가 초래된 것이 분명하다(대판 2011.4.28. 2010도14696).

20   정답 ④

① (○) '증거의 위조'란 '증거방법의 위조'를 의미하므로, 위조에 해당하는지 여부는 증거방법 자체를 기준으로 하여야 하고 그것을 통해 증명하려는 사실이 허위인지 진실인지 여부에 따라 위조 여부가 결정되어서는 안 된다. 제출된 증거방법의 증거가치를 평가하고 이를 기초로 사실관계를 확정할 권한과 의무는 법원에 있기 때문이다. 따라서 피고인이 제출한 이 사건 입금확인증이 해당 금원을 회사 측에 모두 반환하였다는 허위의 주장 사실을 증명하기 위해 만들어진 것이라 하더라도 그 자체에 허위가 없는 이상 이를 허위의 주장과 관련지어 '허위의 증거'에 해당한다고 볼 수는 없다(대판 2021.1.28. 2020도2642).

② (○) 타인으로 하여금 형사처분을 받게 할 목적으로 공무소에 대하여 허위의 사실을 신고하였다고 하더라도, 그 사실이 친고죄로서 그에 대한 고소기간이 경과하여 공소를 제기할 수 없음이 그 신고내용 자체에 의하여 분명한 때에는 당해 국가기관의 직무를 그르치게 할 위험이 없으므로 이러한 경우에는 무고죄는 성립하지 아니한다(대판 2018.7.11. 2018도1818).

③ (○) 허위로 신고한 사실이 무고행위 당시 형사처분의 대상이 될 수 있었던 경우에는 국가의 형사사법권의 적정한 행사를 그르치게 할 위험과 부당하게 처벌받지 않을 개인의 법적 안정성이 침해될 위험이 이미 발생하였으므로 무고죄는 기수에 이르고, 이후 그러한 사실이 형사범죄가 되지 않는 것으로 판례가 변경되었더라도 특별한 사정이 없는 한 이미 성립한 무고죄에는 영향을 미치지 않는다(대판 2017.5.30. 2015도15398).

④ (×) 위 사안에서 甲의 위증죄는 이미 기수에 이른 것으로 보아야 하고, 그 후 다시 증인으로 신청·채택되어 종전 신문절차에서 한 허위 진술을 철회하였더라도 이미 성립한 위증죄에 영향을 미친다고 볼 수는 없다(대판 2010.9.30. 2010도7525).

… 제 5 회 동형모의고사

01	③	02	②	03	③	04	③	05	④
06	②	07	③	08	②	09	①	10	①
11	①	12	④	13	①	14	②	15	④
16	②	17	③	18	①	19	②	20	①

01
정답 ③

① (○) 절도죄에 있어서 재물의 타인성을 오신하여 그 재물이 자기에게 취득할 것이 허용된 동일한 물건으로 오인하고 가져온 경우에는 범죄사실에 대한 인식이 있다고 할 수 없으므로 범의가 조각되어 절도죄가 성립하지 아니한다(대판 1983.9.13. 83도1762).

② (○) 미필적 고의라 함은 결과의 발생이 불확실한 경우, 즉 행위자에 있어서 그 결과발생에 대한 확실한 예견은 없으나 그 가능성은 인정하는 것으로, 이러한 미필적 고의가 있었다고 하려면 결과발생의 가능성에 대한 인식이 있음은 물론 나아가 결과발생을 용인하는 내심의 의사가 있음을 요한다(대판 1987.2.10. 86도2338).

③ (×) 과실의 유무를 판단함에 있어서는 행위자 자신이 아니라 사회일반인의 주의 정도를 기준으로 한다는 것이 통설과 판례의 입장이다(2014.5.29. 2013도14079).

④ (○) 허용된 위험과 신뢰의 원칙은 과실범의 주의의무를 줄여주는 기능을 한다.

02
정답 ②

ㄱ, ㄴ 항목이 옳다.

ㄱ. (○) 법익침해의 태양과 정도 등에 따라 요구되는 개별적·구체적인 구호의무를 이행함으로써 사망의 결과를 쉽게 방지할 수 있음에도 그에 이르는 사태의 핵심적 경과를 그대로 방관하여 사망의 결과를 초래하였다면, 그 부작위는 작위에 의한 살인행위와 동등한 형법적 가치를 가진다고 할 것이고, 이와 같이 작위의무를 이행하였다면 그 결과가 발생하지 않았을 것이라는 관계가 인정될 경우에는 그 작위를 하지 않은 부작위와 사망의 결과 사이에 인과관계가 있는 것으로 보아야 할 것이다(대판 2005.11.12. 2015도6809 전원합의체).

ㄴ. (○) 대판 2014.7.24. 2014도6206

ㄷ. (×) 피고인이 자동차를 운전하다 횡단보도를 걷던 보행자 甲을 들이받아 그 충격으로 횡단보도 밖에서 甲과 동행하던 피해자 乙이 밀려 넘어져 상해를 입은 사안에서, 위 사고는, 피고인이 횡단보도 보행자 甲에 대하여 구 도로교통법 제27조 제1항에 따른 주의의무를 위반하여 운전한 업무상 과실로 야기되었고, 乙의 상해는 이를 직접적인 원인으로 하여 발생하였으므로 피고인의 행위는 구 교통사고처리 특례법 제3조 제2항 단서 제6호에서 정한 횡단보도 보행자 보호의무 위반행위에 해당한다(대판 2011.4.28. 2009도12671).

ㄹ. (×) 피고인의 수술 후 복막염에 대한 진단과 처치 지연 등의 과실로 피해자가 제때 필요한 조치를 받지 못하였다면 피해자의 사망과 피고인의 과실 사이에는 인과관계가 인정된다. 비록 피해자가 피고인의 지시를 일부 따르지 않거나 퇴원한 적이 있더라도, 그러한 사정만으로는 피고인의 과실과 피해자의 사망 사이에 인과관계가 단절된다고 볼 수 없다(대판 2018.5.11. 2018도2844).

03
정답 ③

① (×) 유추적용설은 사실의 착오와 유사하므로 구성요건적 착오를 유추적용하여 (구성요건적) 고의가 조각되고, 다만 (착오에 정당한 이유가 존재하지 않아) 행위자에게 과실이 있으면 과실범(과실치사)으로 처벌된다.

② (×) 엄격책임설에 의하면 금지의 착오가 되어 오인에 정당한 이유가 없다면 고의범(상해죄)으로 처벌되고, 오인에 정당한 이유가 있다면 무죄가 된다.

③ (○) 법효과제한적 책임설에 의할 때 구성요건적 고의는 인정되지만 책임고의가 조각되고, 다만 행위자에게 과실이 있으면 과실범(과실치상)으로 처벌된다.

④ (×) (오인에 정당한 이유가 없다는 전제하에) 엄격책임설에 의하면 乙은 상해죄가 성립하므로 甲은 상해죄의 교사범이 되고, 법효과제한적 책임설에 의하더라도 乙의 행위는 위법하므로 甲은 상해죄의 교사범이 성립된다.

04
정답 ③

① (○) 대판 2023.5.18. 2017도2760

② (○) [1] 상사 계급의 피고인이 그의 잦은 폭력으로 신체에 위해를 느끼고 겁을 먹은 상태에 있던 부대원들에게 청소 불량 등을 이유로 40분 내지 50분간 머리박아(속칭 '원산폭격')를 시키거나 양손을 깍지 낀 상태에서 약 2시간 동안 팔굽혀펴기를 50~60회 정도 하게 한 행위가 형법 제324조에서 정한 강요죄에 해당한다.

[2] 상사 계급의 피고인이 부대원들에게 얼차려를 지시할 당시 얼차려의 결정권자도 아니었고 소속 부대의 얼차려 지침상 허용되는 얼차려도 아니라는 등의 이유로, 피고인의 얼차려 지시 행위를 형법 제20조의 정당행위로 볼 수 없다(대판 2006.4.27. 2003도4151).

③ (×) CCTV 설치·운영에 근로자들의 동의 절차나 노사협의 협의를 거치지 않았다는 이유로 노동조합원 甲 등이 회사에서 설치하여 작동 중인 CCTV 카메라 51대 중 근로자들의 작업모습이 찍히는 12대를 골라 검정색 비닐봉지를 씌워 임시적으로 촬영을 방해한 경우, 회사가 근로자 대부분의 반대에도 불구하고 CCTV의 정식 가동을 강행함으로써 피고인들의 의사에 반하여 근로 행위나 출퇴근 장면 등 개인정보가 위법하게 수집되는 상황이 현실화되고 있었던 점, 개인정보자기결정권은 일반적 인격권 및 사생활의 비밀과 자유에서 도출된 헌법상 기본권으로 일단 그에 대한 침해가 발생하면 사후적으로 이를 전보하거나 원상회복을

하는 것이 쉽지 않은 점 등을 고려하면, 피고인들이 다른 구제수단을 강구하기 전에 임시조치로서 검정색 비닐봉지를 씌워 촬영을 막은 것은 행위의 동기나 목적, 수단이나 방법 및 법익의 균형성 등에 비추어 그 긴급성과 보충성의 요건도 갖추었다고 볼 여지가 있다(대판 2023.6.29. 2018도1917).

④ (○) 甲아파트 입주자대표회의 회장인 피고인이 자신의 승인 없이 동대표들이 관리소장과 함께 게시한 입주자대표회의 소집공고문을 뜯어내 제거함으로써 그 효용을 해하였다고 하여 재물손괴로 기소된 사안에서, 피고인이 위 공고문을 손괴한 조치는, 그에 선행하는 위법한 공고문 작성 및 게시에 따른 위법상태의 구체적 실현이 임박한 상황하에서 그 위법성을 바로잡기 위한 것으로 사회통념상 허용되는 범위를 크게 넘어서지 않는 행위로 볼 수 있다(대판 2021.12.30. 2021도9680).

05 정답 ④

ㄱ, ㄴ, ㄹ, ㅁ 항목이 옳다.

ㄱ. (○) 정범이 실행착수에 이르지 아니한 예비단계에 그친 경우, 이에 가공하는 행위가 예비의 공동정범이 되는 경우를 제외하고는 종범으로 처벌할 수 없다(대판 1976.5.25. 75도1549).

ㄴ. (○) 형법상 음모와 관련하여 범죄실행의 합의가 있다고 하기 위하여는 범죄결심을 외부에 표시·전달하는 것만으로는 부족하고, 적어도 특정한 범죄의 실행을 위한 준비행위라는 것이 객관적으로 명백히 인식되어야 한다(대판 1999.11.12. 99도3801).

ㄷ. (×) 유기징역형에 대한 법률상 감경을 하면서 형법 제55조 제1항 제3호에서 정한 것과 같이 장기와 단기를 모두 2분의 1로 감경하는 것이 아닌 장기 또는 단기 중 어느 하나만을 2분의 1로 감경하는 방식이나 2분의 1보다 넓은 범위의 감경을 하는 방식은 죄형법정주의 원칙에 반한다. 현재 실무 및 판례에 따르면, 중지미수의 경우에는 법정형의 상한과 하한 모두를 2분의 1로 감경하는 반면, 장애미수의 경우에는 법익침해의 위험 발생 정도에 따라 법정형에 대한 감경을 하지 않거나 법정형의 상한과 하한 모두를 2분의 1로 감경할 수 있게 되고, 그 선택은 법관의 재량에 맡기게 된다. 그런데 이와 달리 법정형의 하한은 중지미수와 장애미수 모두 동일하게 2분의 1로 감경하고, 법정형의 상한은 중지미수의 경우에만 2분의 1로 감경하고 장애미수의 경우에는 감경하지 않는다고 해석하면 중지미수와 장애미수에 관한 법률적 평가와 개별 사안에 따른 법관의 사안별 평가의 필요성을 고려하지 않고, 입법자가 필요적 감경과 임의적 감경으로 구별한 취지를 무색하게 한다(대판 2021.1.21. 2018도5475).

ㄹ. (○) 중지범은 범죄의 실행에 착수한 후 자의로 그 행위를 중지한 때를 말하는 것이므로 실행의 착수가 있기 전인 예비음모의 행위를 처벌하는 경우에 있어서는 중지범의 관념을 인정할 수 없다(대판 1999.4.9. 99도424). 판례는 예비의 중지에 관해 형법 제26조 중지미수 규정의 유추적용을 부정한다.

ㅁ. (○) 피고인이 피해자가 심신상실 또는 항거불능의 상태에 있다고 인식하고 그러한 상태를 이용하여 간음할 의사로 피해자를 간음하였으나 피해자가 실제로는 심신상실 또는 항거불능의 상태에 있지 않은 경우에는, 실행의 수단 또는 대상의 착오로 인하여 준강간죄에서 규정하고 있는 구성요건적 결과의 발생이 처음부터 불가능하였고 실제로 그러한 결과가 발생하였다고 할 수 없다. 하지만 피고인이 행위 당시에 인식한 사정을 놓고 일반인이 객관적으로 판단하여 보았을 때 준강간의 결과가 발생할 위험성이 있었으므로 준강간죄의 불능미수가 성립한다(대판 2019.3.28. 2018도16002 전원합의체).

06 정답 ②

① (○) 대판 2013.9.12. 2013도6570

② (×) 공동가공의 의사는 타인의 범행을 인식하면서도 이를 제지하지 아니하고 용인하는 것만으로는 부족하고 공동의 의사로 특정한 범죄행위를 하기 위하여 일체가 되어 서로 다른 사람의 행위를 이용하여 자기의 의사를 실행에 옮기는 것을 내용으로 하는 것이어야 한다(대판 1997.9.30. 97도1940).

③ (○) 범인도피죄는 범인을 도피하게 함으로써 기수에 이르지만 범인도피행위가 계속되는 동안에는 범죄행위도 계속되고 행위가 끝날 때 비로소 범죄행위가 종료되는 계속범이므로 스스로 범인도피행위를 계속한 자에 대하여는 범인도피죄의 공동정범이 성립한다(대판 1995.9.5. 95도577).

④ (○) 업무상배임죄는 재산상 이득을 취득하여 본인에게 손해를 끼쳐야 기수가 되는 상태범에 가깝다. 그리고 계속범이 아닌 이상 기수 이후에는 공동정범이 성립하지 않는다. 위 사안에서 회사직원이 무단으로 반출한 때 업무상 배임죄의 기수에 이르렀다고 할 것이고, 그 이후에 위 직원과 접촉하여 영업비밀을 취득하려고 한 자는 업무상 배임죄의 공동정범이 될 수 없다(대판 2003.10.30. 2003도4382).

07 정답 ③

① (○) 형법 제69조 제1항, 제2항

② (○) 형법 제49조 단서는 "행위자에게 유죄의 재판을 아니할 때에도 몰수의 요건이 있는 때에는 몰수만을 선고할 수 있다."라고 규정하고 있으나, 우리 법제상 공소의 제기 없이 별도로 몰수만을 선고할 수 있는 제도가 마련되어 있지 않으므로, 위 규정에 근거하여 몰수를 선고하기 위해서는 몰수의 요건이 공소가 제기된 공소사실과 관련되어 있어야 하고, 공소가 제기되지 않은 별개의 범죄사실을 법원이 인정하여 그에 관하여 몰수나 추징을 선고하는 것은 불고불리의 원칙에 위반되어 허용되지 않는다(대판 2022.11.17. 2022도8662).

③ (×) 마약류관리에 관한 법률 제67조에 의한 몰수나 추징은 범죄행위로 인한 이득의 박탈을 목적으로 하는 것이 아니라 징벌적 성질의 처분이므로, 그 범행으로 인하여 이득을 취득한 바 없다 하더라도 법원은 그 가액의 추징을 명하여야 하고, 그 추징의 범위에 관하여는 죄를 범한 자가 여러 사람일 때에는 각자에 대하여 그가 취급한 범위 내에서 의약품 가액 전액의 추징을 명하여야 한다(대판 2010. 8.26. 2010도7251).

④ (○) 수사기관에의 신고가 자발적이라고 하더라도 그 신고의 내용이 자기의 범행을 명백히 부인하는 등의 내용으로 자기의 범행으로서 범죄성립요건을 갖추지 아니한 사실일 경우에는 자수는 성립하지 아니하고, 일단 자수가 성립하지 아니한 이상 그 이후의 수사과정이나 재판과정에서 범행을 시인하였다고 하더라도 새롭게 자수가 성립할 여지는 없다(대판 2011.12.22. 2011도12041). 따라서 제2회 조사를 받으면서 비로소 업무와 관련하여 돈을 수수하였다고 자백한 행위에 대하여 자수감경을 할 수 없다.

08   정답 ②

① (○) 대판 1997.6.13. 97도703

② (×) 교통사고처리 특례법 제3조 제2항 단서 제7호는 도로교통법 위반(무면허운전)죄와 동일하게 도로교통법 제43조를 위반하여 운전면허를 받지 아니하고 자동차를 운전하는 행위를 대상으로 교통사고 처벌 특례를 적용하지 않도록 하고 있다. 따라서 위 단서 제7호에서 말하는 '도로교통법 제43조를 위반'한 행위는 도로교통법 위반(무면허운전)죄와 마찬가지로 유효한 운전면허가 없음을 알면서도 자동차를 운전하는 경우만을 의미한다고 보아야 한다. 따라서 도로교통법 제43조(무면허운전 등의 금지)를 위반하여 운전면허를 받지 아니하고 자동차를 운전하는 행위를 대상으로 하는 교통사고처리 특례법 제3조 제2항 단서 제7호를 운전면허취소사실을 알지 못하고 자동차를 운전하는 경우도 포함하는 것으로 해석하는 것은 유추해석금지의 원칙에 반한다(대판 2023.6.29. 2021도17733).

③ (○) 가정폭력처벌법이 정한 보호처분 중의 하나인 사회봉사명령은 가정폭력범죄를 범한 자에 대하여 환경의 조정과 성행의 교정을 목적으로 하는 것으로서 형벌 그 자체가 아니라 보안처분의 성격을 가지는 것이 사실이나, 한편으로 이는 가정폭력범죄행위에 대하여 형사처벌 대신 부과되는 것으로서, 가정폭력범죄를 범한 자에게 의무적 노동을 부과하고 여가시간을 박탈하여 실질적으로는 신체적 자유를 제한하게 되므로, 이에 대하여는 원칙적으로 형벌불소급의 원칙에 따라 행위시법을 적용함이 상당하다. 그렇다면 이 사건 폭행행위에 대하여는 행위시법인 구 가정폭력처벌법 제41조, 제40조 제1항 제4호, 제3호를 적용하여 100시간의 범위 내에서 사회봉사를 명하여야 함에도 불구하고, 위 상한시간을 초과하여 사회봉사를 명하였으니 위법하다(대결 2008.7.24. 2008어4).

④ (○) 대판 2024.4.16. 2023도13333

09   정답 ①

ㄱ, ㄴ, ㄷ 항목이 옳다.

ㄱ. (○) 형법은 대한민국 영역 외에 있는 대한민국의 선박 또는 항공기 내에서 죄를 범한 외국인에게 적용한다(제4조 기국주의).

ㄴ. (○) 외국인의 외국에서 통화에 관한 죄를 범한 경우에 형법 제5조 제4호에 의하여 우리나라 형법이 적용된다.

ㄷ. (○) 형법상 약취·유인죄나 인신매매죄 또는 미수범(제296조의2)은 세계주의가 도입되어 외국인이 대한민국 영역 밖에서 죄를 범한 경우에도 우리 형법이 적용된다. 예비·음모는 제외한다.

ㄹ. (×) 중국에 소재한 대한민국 영사관 내부는 여전히 중국의 영토에 속할 뿐 이를 대한민국의 영토로서 그 영역에 해당한다고 볼 수 없을 뿐 아니라 사문서위조죄가 형법 제6조의 대한민국 또는 대한민국 국민에 대하여 범한 죄에 해당하지 않는다(대판 2006.9.22. 2006도5010).

ㅁ. (×) 죄를 지어 외국에서 형의 전부 또는 일부가 집행된 사람에 대해서는 그 집행된 형의 전부 또는 일부를 선고하는 형에 산입한다(제7조).

10   정답 ①

ㄱ, ㄴ 항목이 옳다.

ㄱ. (○) 형벌의 자기책임원칙에 비추어 볼 때 산업기술의 유출방지 및 보호에 관한 법률 제38조의 양벌규정은 법인이 사용인 등에 의하여 위반행위가 발생한 그 업무와 관련하여 상당한 주의 또는 관리감독 의무를 게을리한 때에 한하여 적용된다(대판 2018.7.12. 2015도464).

ㄴ. (○) 대판 2006.2.24. 2005도7673

ㄷ. (×) 법인이 형사처벌을 면탈하기 위한 방편으로 합병제도 등을 남용하는 경우 이를 처벌하거나 형사책임을 승계시킬 수 있는 근거규정을 특별히 두고 있지 않은 현행법하에서는 합병으로 인하여 소멸한 법인이 그 종업원 등의 위법행위에 대해 양벌규정에 따라 부담하던 형사책임은 그 성질상 이전을 허용하지 않는 것으로서 합병으로 인하여 존속하는 법인에 승계되지 않는다(대판 2015.12.24. 2015도13946).

ㄹ. (×) 지입차주가 고용한 운전자가 과적운행으로 구 도로법을 위반한 경우, 지입차주는 구 도로법 제86조에 정한 '대리인·사용인 기타의 종업원'의 지위에 있을 뿐이고 지입차량의 소유자이자 대외적인 경영 주체는 지입회사이므로, 지입회사가 구 도로법상 사용자로서의 형사책임을 부담한다(대판 2009.9.24. 2009도5302).

11   정답 ①

ㄱ 항목이 옳지 않다.

ㄱ. (×) 피고인의 이 사건 범행이 피해자를 사망하게 한 직접적인 원인이 된 것은 아니지만 그 범행으로 인하여 피해자

에게 두개골 골절, 외상성 지주막하 출혈, 외상성 경막하 출혈 등의 상해가 발생하였고, 이를 치료하는 과정에서 피해자의 직접사인이 된 합병증인 폐렴, 패혈증이 유발된 이상, 비록 그 직접사인의 유발에 피해자의 기왕의 간경화 등 질환이 영향을 미쳤다고 하더라도, 피고인의 이 사건 범행과 피해자의 사망과의 사이에 인과관계의 존재를 부정할 수는 없다(대판 2012.3.15. 2011도17648).

ㄴ. (○) 직계존속인 피해자를 폭행하고 상해를 가한 것이 존속에 대한 동일한 폭력 습벽의 발현에 의한 것으로 인정되는 경우 중한 상습존속상해죄에 나머지 행위들을 포괄시켜 하나의 죄만이 성립한다(대판 2003.2.28. 2002도7335).

ㄷ. (○) 피고인이 피해자를 협박하여 그로 하여금 자상케 한 경우에 피고인에게 상해의 결과에 대한 인식이 있고 또 그 협박의 정도가 피해자의 의사결정의 자유를 상실케 하였으므로 피고인에 대하여 상해죄를 구성한다(대판 1970.9.22. 70도1638).

ㄹ. (○) 폭행죄에 있어서의 폭행이라 함은 사람의 신체에 대하여 물리적 유형력을 행사함을 뜻하는 것으로서 반드시 피해자의 신체에 접촉함을 필요로 하는 것은 아니므로 피해자에게 근접하여 욕설을 하면서 때릴 듯이 손발이나 물건을 휘두르거나 던지는 행위를 한 경우에 직접 피해자의 신체에 접촉하지 않았다고 하여도 피해자에 대한 불법한 유형력의 행사로서 폭행에 해당한다(대판 1990.2.13. 89도1406).

12 정답 ④

① (○) 협박죄가 성립하려면 일반적으로 사람으로 하여금 공포심을 일으키게 하기에 충분한 것이어야 하지만, 상대방이 그에 의하여 현실적으로 공포심을 일으킬 것까지 요구하는 것은 아니며, 그와 같은 정도의 해악을 고지함으로써 상대방이 그 의미를 인식한 이상, 상대방이 현실적으로 공포심을 일으켰는지 여부와 관계없이 그로써 구성요건은 충족되어 협박죄의 기수에 이르는 것으로 해석하여야 한다(대판 2007.9.28. 2007도606 전원합의체).

② (○) 협박죄의 미수범 처벌조항은 해악의 고지가 현실적으로 상대방에게 도달하지 아니한 경우나, 도달은 하였으나 상대방이 이를 지각하지 못하였거나 고지된 해악의 의미를 인식하지 못한 경우 등에 적용된다.

③ (○) 대판 1991.5.10. 90도2102

④ (×) 협박죄는 사람의 의사결정의 자유를 보호법익으로 하는 범죄로서 형법규정의 체계상 개인적 법익, 특히 사람의 자유에 대한 죄 중 하나로 구성되어 있는바, 위와 같은 협박죄의 보호법익, 형법규정상 체계, 협박의 행위 개념 등에 비추어 볼 때, 협박죄는 자연인만을 그 대상으로 예정하고 있을 뿐 법인은 협박죄의 객체가 될 수 없다(대판 2010.7.15. 2010도1017). 단, 제3자에 대한 해악을 고지하는 협박죄에서 '제3자'에는 자연인뿐만 아니라 법인도 포함된다.

13 정답 ①

① (×) 형법 제287조에 규정된 약취행위는 폭행 또는 협박을 수단으로 하여 미성년자를 그 의사에 반하여 자유로운 생활관계 또는 보호관계로부터 이탈시켜 범인이나 제3자의 사실상 지배하에 옮기는 행위를 말하는 것이다. 물론, 여기에는 미성년자를 장소적으로 이전시키는 경우뿐만 아니라 장소적 이전 없이 기존의 자유로운 생활관계 또는 부모와의 보호관계로부터 이탈시켜 범인이나 제3자의 사실상 지배하에 두는 경우도 포함된다고 보아야 한다(대판 2008.1.17. 2007도8485).

② (○) 대판 2009.7.9. 2009도3816

③ (○) 대판 1976.9.14. 76도2072

④ (○) 대판 2013.6.20. 2010도14328

14 정답 ②

① (○) 대판 2024.1.4. 2022도699

② (×) 甲이 A의 집 뒷길에서 자신의 남편과 B의 친척 C이 듣는 가운데 A에게 '저것이 징역 살다 온 전과자다' 등으로 큰 소리로 말함으로써 공연히 사실을 적시하여 A의 명예를 훼손하였다는 내용으로 기소된 사안에서, C가 甲과 친척관계에 있다는 이유만으로 전파가능성이 부정된다고 볼 수 없고, 오히려 피고인은 A와의 싸움 과정에서 단지 A를 모욕 내지 비방하기 위하여 공개된 장소에서 큰 소리로 말하여 다른 마을 사람들이 들을 수 있을 정도였던 것으로 불특정 또는 다수인이 인식할 수 있는 상태였다고 봄이 타당하므로, 피고인의 위 발언은 공연성이 인정된다(대판 2020.11.19. 2020도5813 전원합의체).

③ (○) 피고인이 적시한 사실은 산후조리원에 대한 정보를 구하고자 하는 임산부의 의사결정에 도움이 되는 정보 및 의견 제공이라는 공공의 이익에 관한 것이라고 봄이 타당하고, 이처럼 피고인의 주요한 동기나 목적이 공공의 이익을 위한 것이라면 부수적으로 산후조리원 이용대금 환불과 같은 다른 사익적 목적이나 동기가 내포되어 있다는 사정만으로 피고인에게 甲을 비방할 목적이 있었다고 보기 어렵다(대판 2012.11.29. 2012도10392).

④ (○) 제307조 제1항의 명예훼손죄는 적시된 사실이 진실한 사실인 경우이든 허위의 사실인 경우이든 모두 성립될 수 있고, 특히 적시된 사실이 허위의 사실이라고 하더라도 행위자에게 허위성에 대한 인식이 없는 경우에는 제307조 제2항의 명예훼손죄가 아니라 제307조 제1항의 명예훼손죄가 성립될 수 있다(대판 2017.4.26. 2016도18024).

15 정답 ④

① (×) 형법 제333조 후단의 강도죄(이른바 강제이득죄)의 요건이 되는 재산상의 이익이란 재물 이외의 재산상의 이익을 말하는 것으로서, 그 재산상의 이익은 반드시 사법상 유효한 재산상의 이득만을 의미하는 것이 아니고 외견상

재산상의 이득을 얻을 것이라고 인정할 수 있는 사실관계만 있으면 여기에 해당된다(대판 1997.2.25. 96도3411).
② (×) 사기죄의 객체가 되는 재산상의 이익이 반드시 사법(私法)상 보호되는 경제적 이익만을 의미하지 아니하고, 부녀가 금품 등을 받을 것을 전제로 성행위를 하는 경우 그 행위의 대가는 사기죄의 객체인 경제적 이익에 해당하므로, 부녀를 기망하여 성행위 대가의 지급을 면하는 경우 사기죄가 성립한다(대판 2001.10.23. 2001도2991).
③ (×) 피고인들이 폭행·협박으로 피해자로 하여금 매출전표에 서명을 하게 한 다음 이를 교부받아 소지함으로써 이미 외관상 각 매출전표를 제출하여 신용카드회사들로부터 그 금액을 지급받을 수 있는 상태가 되었는바, 피해자가 각 매출전표에 허위 서명한 탓으로 피고인들이 신용카드회사들에게 각 매출전표를 제출하여도 신용카드회사들이 신용카드 가맹점 규약 또는 약관의 규정을 들어 그 금액의 지급을 거절할 가능성이 있다 하더라도, 그로 인하여 피고인들이 각 매출전표 상의 금액을 지급받을 가능성이 완전히 없어져 버린 것이 아니고 외견상 여전히 그 금액을 지급받을 가능성이 있는 상태이므로, 결국 피고인들이 '재산상 이익'을 취득하였다고 볼 수 있다(대판 1997.2.25. 96도3411).
④ (○) 사기로 인한 특정경제범죄법 위반죄는 편취한 재물이나 재산상 이익의 가액이 5억 원 이상 또는 50억 원 이상인 것이 범죄구성요건의 일부로 되어 있고 가액에 따라 그 죄에 대한 형벌도 가중되어 있으므로, 이를 적용할 때에는 편취한 재물이나 재산상 이익의 가액을 엄격하고 신중하게 산정함으로써 범죄와 형벌 사이에 적정한 균형이 이루어져야 한다는 죄형균형 원칙이나 형벌은 책임에 기초하고 그 책임에 비례하여야 한다는 책임주의 원칙이 훼손되지 않도록 유의하여야 한다. 그리고 그 이익의 가액을 구체적으로 산정할 수 없는 경우에는 재산상 이익의 가액을 기준으로 가중 처벌하는 특정경제범죄법 제3조를 적용할 수 없다(대판 2024.4.25. 2023도18971).

16 정답 ②

① (○) 병원에서 의약품 선정·구매 업무를 담당하는 약국장이 병원을 대신하여 제약회사로부터 의약품 제공의 대가로 기부금 명목의 돈을 받아 보관중 임의소비한 경우, 위 돈은 병원이 약국장에게 불법원인급여를 한 것에 해당하지 않아 여전히 반환청구권을 가지므로 업무상 횡령죄가 성립한다(대판 2008.10.9. 2007도2511).
② (×) 부동산을 공동으로 상속한 자들 중 1인이 부동산을 혼자 점유하던 중 다른 공동상속인의 상속지분을 임의로 처분하여도 그에게는 그 처분권능이 없어 횡령죄가 성립하지 아니한다(대판 2000.4.11. 2000도565).
③ (○) 대판 2000.4.11. 2000도565
④ (○) 회사가 기업활동을 하면서 형사상의 범죄를 수단으로 하여서는 안 되므로 뇌물공여를 금지하는 법률 규정은 회사가 기업활동을 할 때 준수하여야 하고, 따라서 회사의 이사 등이 업무상의 임무에 위배하여 보관 중인 회사의 자금으로 뇌물을 공여하였다면 이는 오로지 회사의 이익을 도모할 목적이라기보다는 뇌물공여 상대방의 이익을 도모할 목적이나 기타 다른 목적으로 행하여진 것이라고 보아야 하므로, 그 이사 등은 회사에 대하여 업무상횡령죄의 죄책을 면하지 못한다(대판 2013.4.25. 2011도9238).

17 정답 ③

① (○) 변호사인 피고인이 대량의 저작권법 위반 형사고소 사건을 수임하여 피고소인 30명을 각 형사고소하기 위하여 20건 또는 10건의 고소장을 개별적으로 수사관서에 제출하면서 각 하나의 고소위임장에만 소속 변호사회에서 발급받은 진정한 경유증표 원본을 첨부한 후 이를 일체로 하여 컬러복사기로 20장 또는 10장의 고소위임장을 각 복사한 다음 고소위임장과 일체로 복사한 경유증표를 고소장에 첨부하여 접수한 사안에서, 변호사회가 발급한 경유증표는 증표가 첨부된 변호사선임서 등이 변호사회를 경유하였고 소정의 경유회비를 납부하였음을 확인하는 문서이므로 법원, 수사기관 또는 공공기관에 이를 제출할 때에는 원본을 제출하여야 하고 사본으로 원본에 갈음할 수 없으며, 각 고소위임장에 함께 복사되어 있는 변호사회 명의의 경유증표는 원본이 첨부된 고소위임장을 그대로 컬러복사한 것으로서 일반적으로 문서가 갖추어야 할 형식을 모두 구비하고 있고, 이를 주의 깊게 관찰하지 아니하면 그것이 원본이 아닌 복사본임을 알아차리기 어려울 정도이므로 일반인이 명의자의 진정한 사문서로 오신하기에 충분한 정도의 형식과 외관을 갖추었다는 이유로, 피고인의 행위가 사문서위조죄 및 동행사죄에 해당한다(대판 2016.7.14. 2016도2081).
② (○) 자동차운전면허증은 운전면허시험에 합격하여 자동차의 운전이 허락된 자임을 증명하는 공문서로서 운전중에 휴대하도록 되어 있고, 자동차대여약관상 대여회사는 운전면허증 미소지자에게는 자동차 대여를 거절할 수 있도록 되어 있으므로, 자동차를 임차하려는 피고인들이 자동차 대여업체의 담당직원들로부터 임차할 자동차의 운전에 필요한 운전면허가 있고 또 운전면허증을 소지하고 있는지를 확인하기 위한 운전면허증의 제시 요구를 받자 타인의 운전면허증을 소지하고 있음을 기화로 자신이 타인의 자동차운전면허를 받은 사람들인 것처럼 행세하면서 자동차 대여업체의 직원들에게 이를 제시한 것이라면, 피고인들의 위와 같은 행위는 단순히 신분확인을 위한 것이라고는 할 수 없고, 이는 운전면허증을 사용권한이 없는 자가 사용권한이 있는 것처럼 가장하여 부정한 목적으로 사용한 것이기는 하나 운전면허증의 본래의 용도에 따른 사용행위라고 할 것이므로 공문서부정행사죄에 해당한다(대판 1998.8.21. 98도1701).
③ (×) 허위공문서작성죄의 객체가 되는 문서는 문서상 작성명의인이 명시된 경우뿐 아니라 작성명의인이 명시되어

있지 않더라도 문서의 형식, 내용 등 문서 자체에 의하여 누가 작성하였는지를 추지할 수 있을 정도의 것이면 된다(대판 2019.3.14. 2018도18646).
④ (○) 이사회 회의록에 관한 이사의 서명권한에는 서명거부사유를 기재하고 그에 대해 서명할 권한이 포함된다. 이사가 이사회 회의록에 서명함에 있어 이사장이나 다른 이사들의 동의를 받을 필요가 없는 이상 서명거부사유를 기재하고 그에 대한 서명을 함에 있어서도 이사장 등의 동의가 필요 없다고 보아야 한다. 따라서 이사가 이사회 회의록에 서명 대신 서명거부사유를 기재하고 그에 대한 서명을 하면, 특별한 사정이 없는 한 그 내용은 이사회 회의록의 일부가 되고, 이사회 회의록의 작성권한자인 이사장이라 하더라도 임의로 이를 삭제한 경우에는 이사회 회의록 내용에 변경을 가하여 새로운 증명력을 가져오게 되므로 사문서변조에 해당한다(대판 2018.9.13. 2016도20954).

18   정답 ①

① (×) 공무원이 아닌 사람과 공무원이 공모하여 금품을 수수한 경우에도 각 수수자가 수수한 금품별로 직무 관련성 유무를 달리 볼 수 있다면, 각 금품마다 직무와의 관련성을 따져 뇌물성을 인정하는 것이 책임주의 원칙에 부합한다(대판 2024.3.12. 2023도17394).
② (○) 대판 2019.8.29. 2018도13792
③ (○) 피고인이 먼저 뇌물을 요구하여 증뢰자가 제공하는 돈을 받았다면 피고인에게는 받은 돈 전부에 대한 영득의 의사가 인정된다고 하지 않을 수 없고, 이처럼 영득의 의사로 뇌물을 수령한 이상 그 액수가 피고인이 예상한 것보다 너무 많은 액수여서 후에 이를 반환하였다고 하더라도 뇌물죄의 성립에는 영향이 없다(대판 2007.3.29. 2006도9182).
④ (○) 대판 2019.8.29. 2018도13792

19   정답 ②

① (○) 대판 2022.10.27. 2020도15105
② (×) 어떠한 직무가 공무원의 일반적 직무권한에 속하는 사항이라고 하기 위해서는 그에 관한 법령상 근거가 필요하다. 법령상 근거는 반드시 명문의 규정만을 요구하는 것이 아니라 명문의 규정이 없더라도 법령과 제도를 종합적, 실질적으로 살펴보아 그것이 해당 공무원의 직무권한에 속한다고 해석된다(대판 2020.10.29. 2020도3972).
③ (○) 대판 2020.2.13. 2019도5186
④ (○) 공무원이 자신의 직무권한에 속하는 사항에 관하여 실무 담당자로 하여금 직무집행을 보조하는 사실행위를 하도록 하더라도 직무집행의 기준과 절차가 법령에 구체적으로 명시되어 있고 실무담당자에게도 직무집행의 기준을 적용하고 절차에 관여할 고유한 권한과 역할이 부여되어 있다면 실무 담당자로 하여금 그러한 기준과 절차를 위반하여 직무집행을 보조하게 한 경우에는 '의무없는 일을 하게 한 때'에 해당한다(대판 2019.3.14. 2018도18646).

20   정답 ①

① (×) 동일한 공무를 집행하는 여럿의 공무원에 대하여 폭행·협박 행위를 한 경우에는 공무를 집행하는 공무원의 수에 따라 여럿의 공무집행방해죄가 성립하고, 위와 같은 폭행·협박 행위가 동일한 장소에서 동일한 기회에 이루어진 것으로서 사회관념상 1개의 행위로 평가되는 경우에는 여럿의 공무집행방해죄는 상상적 경합의 관계에 있다(대판 2009.6.25. 2009도3505).
② (○) 위계에 의한 공무집행방해죄에서 위계란 행위자의 행위목적을 이루기 위하여 상대방에게 오인, 착각, 부지를 일으키게 하여 그 오인, 착각, 부지를 이용하는 것을 말하는 것으로 상대방이 이에 따라 그릇된 행위나 처분을 하여야만 이 죄가 성립하는 것이고, 만약 범죄행위가 구체적인 공무집행을 저지하거나 현실적으로 곤란하게 하는 데까지는 이르지 아니하고 미수에 그친 경우에는 위계에 의한 공무집행방해죄로 처벌할 수 없다(대판 2021.4.29. 2018도18582).
③ (○) 특수공무집행방해치상죄는 원래 결과적 가중범이기는 하지만, 이는 중한 결과에 대하여 예견가능성이 있었음에 불구하고 예견하지 못한 경우에 벌하는 진정결과적 가중범이 아니라 그 결과에 대한 예견가능성이 있었음에도 불구하고 예견하지 못한 경우뿐만 아니라 고의가 있는 경우까지도 포함하는 부진정결과적 가중범이다(대판 1995.1.20. 94도2842).
④ (○) 법령에서 어떤 행위의 금지를 명하면서 이를 위반하는 행위에 대한 벌칙을 두는 한편, 공무원으로 하여금 그 금지 규정의 위반 여부를 감시, 단속하게 하고 있는 경우 그 공무원에게는 금지 규정 위반행위의 유무를 감시하여 확인하고 단속할 권한과 의무가 있으므로 단순히 공무원의 감시, 단속을 피하여 금지 규정에 위반하는 행위를 한 것에 불과하다면 그에 대하여 벌칙을 적용하는 것은 별론으로 하고 그 행위가 위계에 의한 공무집행방해죄에 해당하는 것이라고는 할 수 없다(대판 2004.4.9. 2004도272).